S0-CBP-446

BTS

BTS

Iconos del K-pop

Adrian Besley

Traducción de Traducciones Imposibles

Rocaeditorial

Título original: *BTS. Icons of K-pop. The Unofficial Biography*

© 2018, Adrian Besley

Primera edición: noviembre de 2018

© de la traducción: 2018, Traducciones Imposibles, S.L.
© de esta edición: 2018, Roca Editorial de Libros, S.L.
Av. Marquès de l'Argentera 17, pral.
08003 Barcelona
actualidad@rocaeditorial.com
www.rocalibros.com

Diseño de cubierta: Ana Bjezancevic
Imágenes de cubierta: Jason LaVeris / FilmMagic / Getty Images (portada),
RB / Bauer-Griffin / GC Images / Getty Images (contra)

Impreso por Liberduplex
08791 Sant Llorenç d'Hortons (Barcelona)

ISBN: 978-84-17305-51-2
Depósito legal: B 22873-2018
Código IBIC: YNCP

RE05512

Para Nora y Polly

Índice

Introducción

El mundo Bangtan

Cuando BTS lideró las listas de éxitos de Estados Unidos en mayo de 2018, muchos se preguntaron quién era esta banda y de dónde había salido. A juzgar por su aspecto, la respuesta era sencilla: BTS son siete chicos de Corea del Sur con mucho talento que crean una música que ha gustado en el mundo entero. Pero aquellos que siguen el K-pop, especialmente los ARMY, los entregados fans de BTS, saben que son mucho más que eso.

BTS son uno de los numerosos grupos de K-pop que existen hoy, pero ¿qué tienen que los hace diferentes a todos los demás en la historia de la cultura coreana del entretenimiento? BTS son únicos porque han triunfado sin el respaldo de una gran discográfica: los miembros del grupo colaboran con las letras y la producción de sus propias canciones y, además, hablan sin tapujos de sus aspiraciones y sus miedos, y no temen ser la voz de su generación.

Este libro relata el ascenso de BTS. Habla de cómo pasaron de ser siete chicos con un sueño común a ser un grupo de jóvenes superestrellas que han conseguido una visión compartida de éxito internacional. En *BTS: Iconos del K-pop* veremos cómo lograron alcanzar semejante éxito a pesar de cantar y rapear en un idioma que muchos seguramente ni siquiera entienden. Las canciones son pegadizas y emotivas, una mezcla irresistible, y las coreografías son sencillamente alucinantes. También repasaremos las influencias de la música de BTS, detallaremos punto por punto lo que se siente al ver a BTS en directo y a qué grandes personajes han conocido por el camino. Y también, cómo no, hablaremos de los cortes de pelo y de la ropa. ¡Bienvenidos al mundo Bangtan!

En este libro también hablaremos de la increíble comunidad de fans de la banda. Los ARMY son uno de los grupos de seguidores más informados, entregados y unidos del mundo, si no el que más. Además de enarbolar su pasión por el grupo, traducen las letras y las entrevistas, han ayudado a BTS a ganar premios y han creado una comunidad en línea que refleja los ideales del propio grupo. Su historia forma parte de la de BTS, y ninguno sería lo mismo sin el otro.

BTS también tienen fama de tener una inmensa presencia en Internet, y cabe destacar sus bombas Bangtan. Estos vídeos cortos están repletos de bromas compartidas o muestran magníficos momentos de la vida o instantes de BTS. Comentaremos algunos de ellos en estas páginas. Y, al final del libro, también encontrarás un glosario que explica algunos términos coreanos y de K-pop útiles.

El recorrido del grupo no ha sido fácil, y todos y cada uno de sus miembros han tenido que trabajar con muchísimo esfuerzo. Como aprendices adolescentes que venían de un mundo completamente normal, ensayaron hasta que cada nota y cada paso fuese perfecto. Esa determinación y esa dedicación siguen con ellos en la actualidad y este libro habla también sobre la personalidad de cada uno de ellos y la amistad que los une, sobre sus momentos de duda y el entusiasmo por sus logros.

BTS tiene millones de fans por todo el mundo y ha conseguido muchos de sus objetivos. Han recorrido un largo camino y quién sabe cuánto les queda todavía por delante. Pero, sea lo que sea lo que el futuro les tenga preparado, la historia de cómo se convirtieron en iconos, no solo del K-pop, sino del mundo, es fascinante, y esta es la primera vez que se cuenta. Espero que disfrutes leyéndola.

ADRIAN BESLEY

1

Comienzos

¿*H*abías visto alguna vez algo como BTS? ¿Esos movimientos coreografiados, con raperos y cantantes en el mismo grupo? ¿Unos chicos que viven y ensayan juntos durante años antes de su primera actuación? ¿Que aparecen constantemente en un montón de programas musicales o hablando en retos extraños y absurdos en la televisión? Si has seguido el K-pop en algún momento durante los últimos diez años, entonces es posible que sí, aunque ningún grupo ha hecho esas cosas como lo ha hecho BTS.

Es imposible narrar la historia de BTS sin hacer referencia a la cultura y las tradiciones del K-pop. Aunque ahora son un fenómeno internacional, en su día fueron un grupo de chicos que se conformaban con hacer música. Grabar su primera canción y actuar en la televisión coreana les parecía todo un logro. Habían crecido con el K-pop y conocían las expectativas, las dificultades y los obstáculos particulares de la vida de un ídolo. Que lo intentasen, que lo consiguieran contra todo pronóstico y que traspasasen las fronteras del K-pop es solo un aspecto de la increíble naturaleza de este grupo.

Lo que llamamos K-pop comenzó en 1992. Puede datarse con la aparición de Seo Taiji and Boys en un programa de talentos de televisión donde interpretaron su sencillo *Nan Arayo* [Lo sé]. Quedaron los últimos en el programa, pero su sencillo, una innovadora fusión de pop estadounidense y coreano, pronto llegó al número uno de las listas de éxitos del país (y se mantuvo allí durante diecisiete semanas). Seo Taiji and Boys (que años más adelante invitaron a BTS a

Seo Taiji and Boys inspirarían a una multitud de grupos nuevos ansiosos por dar al rock, al pop, al R&B y, especialmente, al hip-hop estadounidense un sabor coreano único.

aparecer en su reencuentro) inspirarían a una multitud de grupos nuevos ansiosos por crear música coreana influenciada por el rock, el pop, el R&B y, especialmente, el hip-hop estadounidense de los noventa.

A pesar de la influencia estadounidense, la música pop coreana establecería sus propias características distintivas. El código moral conservador de la sociedad coreana impera y se asegura de que las canciones con referencias al sexo, las drogas y el alcohol se prohíban en la radio y la televisión, y apenas hay tradición de cuestionar la sociedad o de tratar temas políticos en la música. Se espera que los artistas sean encantadores e inocentes en todo momento.

Por otro lado está la televisión coreana, que tiene millones de espectadores y es vital para el éxito de las actuaciones del K-pop. Los programas musicales proliferan. *Inkigayo, Music Core, Music Bank, M Countdown, Show Champion* y *The Show Choice* garantizan que haya algún programa de pop en la televisión casi todos los días de la semana. El hecho de que los programas incluyan normalmente actuaciones en directo en lugar de vídeos musicales demuestra que estos actos son un aspecto muy valorado del K-pop. Una buena coreografía, presencia en el escenario, trajes fantásticos y ser guapo es fundamental.

En las galas de estos programas presentan canciones de debut o temas nuevos, y cada uno de ellos otorga un trofeo semanal basándose en los distintos cambios de posición en las listas de éxitos, las descargas y los votos de los telespectadores. Estos trofeos son muy disputados, y el mayor logro es obtener una victoria aplastante en todos los programas. «DNA», de BTS fue una de las cuatro únicas canciones que llegaron a conseguirlo.

También se espera que los artistas de K-pop se hagan un hueco, bien como grupo o participando solos, entre los cómicos, actores y demás famosos en los programas de variedades del país, que tienen un éxito de audiencia apabullante. En es-

14

tos, a veces les hacen entrevistas o les organizan actuaciones, pero generalmente se centran en retos divertidos que ponen de manifiesto la personalidad, la destreza y el sentido del humor de los artistas. BTS dejaron una muy buena impresión desde el principio con sus apariciones en *Knowing Bros* y *Weekly Idol*, e incluso crearon sus propios programas de variedades: *Rookie King, Run BTS!* y *BTS Gayo*. Hasta se televisan regularmente los Idol Games, una especie de miniolimpiadas en las que los artistas de K-pop compiten entre sí en varias disciplinas deportivas. BTS son especialmente buenos en la carrera de relevos de 4x400 metros.

Una vez establecidos, los artistas del K-pop esperan ansiosos la temporada de premios que abarca el periodo de Año Nuevo. Se celebran muchas ceremonias, pero las más prestigiosas de todas ellas son las de los Golden Disk Awards, los Melon Music Awards (MMA), los Mnet Asian Music Awards (MAMA) y los Seoul Music Awards. En estas se otorgan *bonsangs* o premios a varios números de gran éxito, pero lo que ansían todos los artistas en realidad es un *daesang*, el mayor premio otorgado al artista del año y, dependiendo de la ceremonia, a veces a la canción y el álbum del año también.

Con semejante exposición, se espera que los artistas de K-pop canten, bailen, tengan un estilo fantástico y muestren su personalidad. Esto no sucede de una forma natural. ¿Recordáis a los pioneros Seo Taiji and Boys? Cuando se separaron en 1996, Yang Hyun-suk, uno de los «Boys», fundó YG Entertainment para crear, producir y representar a grupos de K-pop. Más o menos al mismo tiempo y con los mismos objetivos se constituyeron SM Entertainment y JYP Entertainment. Las «Tres Grandes», como se las acabó conociendo, terminarían dominando el K-pop y creando un proceso de producción de artistas y grupos de éxito conocidos como *idols*.

Las compañías celebran unos cástines y unos programas de talentos muy competitivos en busca de *idols* en potencia. A los artistas que pasan la criba, a menudo jóvenes adolescentes o aún de menor edad, se los contrata como aprendices, y viven en residencias con otros aprendices. Juntos deben enfrentarse a rigurosas clases de baile, canto, ejercicio, inglés y japonés,

15

A los artistas que pasan la criba, a menudo jóvenes adolescentes o aún de menor edad, se los contrata como aprendices, y viven en residencias con otros aprendices. Juntos deben enfrentarse a rigurosas clases de baile, canto y ejercicio. así como a dietas estrictas y a instrucciones sobre cómo comportarse en televisión y en público. Y, además de todo esto, ¡tienen que hacer sus deberes del colegio o del instituto!

La discográfica dividirá a sus alumnos en grupos o los seleccionará como artistas en solitario. En ocasiones los intercambian o resuelven su contrato si no tienen el nivel necesario o no encajan en unos requisitos particulares. Los grupos de K-pop suelen incluir más miembros que sus equivalentes occidentales porque tratan de ofrecer a los fans un paquete de habilidades completo. Cuentan con raperos, vocalistas y bailarines especializados e incluso *visuals*, miembros seleccionados por su aspecto y su presencia en el escenario. La compañía proporciona el nombre, la imagen, la coreografía y las canciones, generalmente con poca participación por parte del grupo.

16 Casi todos los grupos de K-pop cuentan con un líder, que suele ser el miembro de mayor edad, aunque no es el caso de RM, de BTS. Cuando aparecen en público o acuden a recoger premios, estos actúan como portavoz y son también los intermediarios, los que reciben las instrucciones de la empresa y las transmiten a los demás miembros. El grupo también tiene un *maknae*, el nombre que recibe el miembro más joven. El *maknae* de BTS es Jungkook. Este miembro es como el bebé de la familia, mono y adorable. Suele poseer un talento y una belleza increíbles, y es, básicamente, el orgullo de cada grupo.

La presentación de la actuación, generalmente en uno de los programas musicales semanales, se conoce como su *debut stage*. Se trata de un momento muy importante para los grupos nuevos. La discográfica habrá estado allanando el terreno durante meses, publicando fotografías de los miembros a modo de avance, creando cuentas en las redes sociales, publicando avances e incluso fundando un club de fans. La pasión de los fans del K-pop es un elemento esencial para conseguir que el número sea un éxito. La interacción con los fans a través de las redes sociales y de encuentros con ellos es una manera magnífica de lograr apoyo leal y entregado de manera rápida. Estos fans a menudo reciben un nombre oficial por parte del grupo, cuentan con sus propios foros y crean una atmósfera fantástica en los conciertos. El grupo Twice llamó a su club de fans Once, BIGBANG tienen a VIP y, por supuesto, BTS tienen a ARMY.

Los fans del K-pop han ideado maneras ingeniosas de interactuar con sus ídolos. No contentos con limitarse a gritar y aplaudir como locos (aunque eso también pasa), levantan barritas luminosas del color del grupo, a veces con olas coordinadas; fabrican pancartas de apoyo gigantes y entonan consignas de fans en las intros y los descansos o como respuesta a los estribillos.

Si un grupo nuevo logra triunfar en el debut y consolidar a su público, tendrá la oportunidad de hacer un *comeback* o regreso. Esto no tiene por qué significar que vayan a estar inactivos o que necesariamente vayan a tomarse un descanso; es únicamente el término que se utiliza para el lanzamiento de un nuevo sencillo o álbum y su promoción en los programas semanales. Presentado una vez más con antelación a través de la publicidad y los avances, el regreso a menudo implica un nuevo «concepto»: un cambio sutil o incluso importante en la imagen o el sonido del grupo.

Una vez consolidado, el número de K-pop está perfectamente preparado para subirse a la ola: la ola coreana conocida como *hallyu*. La cultura coreana ha empezado a conocerse a nivel mundial en la última década. Desde las series de televisión, también conocidas como «dramas», hasta la cosmética y, especialmente, la música pop, las exportaciones surcoreanas se han puesto de moda en países como Japón o Estados Unidos. El éxito de Psy «Gangnam Style» es claro ejemplo de ello, pero BIGBANG, EXO y otros muchos también han logrado colarse en las listas de éxitos estadounidenses.

Llegar tan lejos requiere mucha inversión, influencia y saber hacer por parte de la empresa de entretenimiento. El éxito atrae al éxito, y las Tres Grandes han logrado dominar e incluso controlar la industria del K-pop. Algunos grupos han

17

demostrado que es posible hacerse un hueco en el mundillo, pero y ¿llegar a consolidarse como *idols* internacionales? Eso es apuntar demasiado alto. Necesitarían a alguien con mucha experiencia, un poco de suerte y dispuesto a ajustar las reglas y las tradiciones del K-pop. Alguien como Bang Si-hyuk.

Bang Si-hyuk era un compositor y productor de éxito que trabajaba en JYP, una de las Tres Grandes. Se labró una gran reputación como fabricante de éxitos con grupos como g.o.d. y Wonder Girls, ganándose su apodo «Hitman». En 2005 dejó JYP para fundar su propia empresa de entretenimiento, Big Hit. Tuvo cierto éxito con el grupo mixto 8Eight y con 2AM. Más adelante, en 2010, ideó un plan para presentar un número de rap. Este plan fue la semilla que acabó convirtiéndose en un coloso del K-pop: BTS.

Kim Namjoon, al que pronto se le conocería como «Rap Monster» y más adelante con la forma abreviada RM, acudió a Big Hit como rapero en solitario en 2010. Había estado rapeando en la escena *underground*, una arena más rebelde que la del K-pop, en la que los artistas pueden actuar de forma independiente, pero lo hacen frente a multitudes más pequeñas en comparación. Cada vez más convencido con la idea de crear un número de rap, Bang Si-hyuk decidió trasladar a RM a un grupo embrionario con otros raperos *underground*, como Kidoh (que acabó en el grupo de *idols* Topp Dogg), Iron y Supreme Boi, que más adelante se amplió con la llegada de Min Yoongi (Suga).

Hacia finales de 2011, Hitman Bang cambió la dirección del grupo con el fin de buscar un sonido menos centrado en el rap y más comercial, que incluyese vocalistas y raperos. El prodigio del baile Jung Hoseok (J-Hope), que se había unido a la compañía el año anterior, era uno de los posibles cantantes (se convirtió en rapero más adelante). Algunos de los raperos que quedaban no estaban conformes con este nuevo enfoque. Supreme Boi siguió en Big Hit, pero como autor y productor, y se acabaría convirtiendo en una parte integral de BTS (en muchos sentidos se le considera el octavo Bangtan Boy). A Pdogg, uno de los productores de Big Hit (que sigue siendo un miembro importante del equipo de producción de BTS), se le encargó la misión de formar este grupo. Había unos treinta aprendices en formación en Big Hit, a los que observaría, grabaría y evaluaría para después dividirlos en grupos y asignarles proyectos.

A principios de 2012, Jungkook, Taehyung (V) y, más adelante, Seokjin (Jin) pasaron unos cástines y se unieron al equipo de Big Hit. Sin embargo, la formación todavía no se había decidido. Entre otros aprendices se encontraban Jeong In-seong y Seung-Jun, que ahora forman parte del grupo de *idols* KNK, y Suwoong, de Boys Republic. Para todos estos chicos que se enfrentaban a una dura formación lejos de sus casas y de sus familias, el futuro seguía siendo incierto. Podían no ser seleccionados para el grupo, y, aunque lo fueran, podrían tener que esperar mucho tiempo para debutar.

A principios del verano de 2012, Jimin, el último miembro en unirse al grupo, firmó un contrato con Big Hit. BTS empezaba a tomar forma por fin, con cuatro miembros en lo que los fans del K-pop denominan la «línea de rap» (Kidoh abandonaría el grupo más adelante ese año) y otros cuatro en la «línea vocal». Incluso tenían nombre. Entre las opciones consideradas estaban Big Kids y Young Nation, pero Bangtan Sonyeondan, que se traduce como «Niños exploradores a prueba de balas», era la propuesta preferida, al menos para el mandamás de Big Hit, cuya opinión tenía más peso que ninguna.

Bang Si-hyuk había reunido y seleccionado por fin a este grupo. Tenía un líder en Rap Monster, el primero de ellos en unirse a Big Hit, que era inteligente y elocuente, y hablaba un inglés fluido; un bailarín principal, J-Hope, que había ganado premios de baile nacionales; y un *maknae* en Jungkook, que podría haber firmado con cualquiera de las Tres Grandes. Los demás habían demostrado que estaban dispuestos a trabajar al máximo las horas que fueran necesarias y prometían mucho. Ante todo, eran un grupo de chicos absolutamente encantadores que parecían sacar lo mejor los unos de los otros.

Bang Si-hyuk había reunido y seleccionado por fin a este grupo. Tenía un líder inteligente y elocuente, un bailarín principal que había ganado premios de baile nacionales y un *maknae* que podría haber firmado con cualquiera de las Tres Grandes.

Bang Si-hyuk tenía visiones de futuro para su nuevo grupo. Los había bautizado con un nombre que transmitía que lucharían contra los prejuicios y las dificultades que experimentaba su generación. Serían la voz de los adolescentes y los veinteañeros. Para que aquello funcionara, aflojó algunos de los grilletes del K-pop. Les dio a los chicos, empezando por la línea de rap, la oportunidad de participar en las letras. Los animó a hablar libremente sobre los problemas que afectan a los jóvenes y les permitió que fueran lo más próximos a sus fans como fuera posible a través de todos los canales de redes sociales disponibles.

El desafío de Bangtan Sonyeondan (a los que pronto muchos llamarían BTS) parecía inmenso. La compañía tenía muy poco dinero con el que respaldarlos para acabar con la supremacía de EXO and Girl's Generation, de SM Entertainment, o con BIGBANG y G-Dragon, de YG. Sus canciones estaban basadas en el estilo rapero estadounidense de los noventa que estaba perdiendo popularidad en Corea y la actitud rebelde de sus canciones ya estaba dando que hablar. El grupo tenía una inmensa montaña por escalar y ni siquiera habían empezado todavía. Con el año 2013 a la vuelta de la esquina se prepararon para dar los primeros pasos hacia la cima.

2

A prueba de balas

¿*R*ecuerdas dónde estabas el 13 de junio de 2013? Era jueves, y seguramente estabas en la cama, soñando, pero mientras tú dormías, en el otro lado del mundo, en Seúl, en Corea del Sur, siete chicos estaban pisando el escenario de un programa musical de televisión. BTS se estaba convirtiendo en una realidad.

Algún día, el 13 de junio será un festivo internacional, pero rebobinemos un poco... En Corea, unos avances intrigantes sobre un grupo nuevo llevaban un tiempo apareciendo. Con su amplia experiencia en el sector del K-pop, el presidente de Big Hit Entertainment, Bang Si-hyuk, sabía cómo crear expectación ante un número nuevo. Anteriormente, en 2012, Big Hit había publicado un blog que anunciaba la inminente llegada de Bangtan Sonyeondan, presentaba a los miembros de la banda y mostraba sus fotos a aquellos primeros seguidores. La noticia corrió como la pólvora: Big Hit estaba preparando un grupo de *idols*.

El 17 de diciembre de 2012 se creó una cuenta de YouTube y se publicó el primer contenido de BTS: un vídeo del miembro original Rap Monster haciendo una versión de «Power», de Kanye West. Poco después se publicó otro rap de RM: «Let's Introduce BANGTAN ROOM». Estos primeros dos vídeos siguen en YouTube (en el último hay un cameo fantástico de Jin). Y des-

La noticia corrió como la pólvora: Big Hit estaba preparando un grupo de *idols*.

pués llegó un regalo de Navidad, ya que el mandamás de Big Hit, Bang Si-hyuk, usando su apodo Hitman Bang, presentó «A Typical Trainee's Christmas». Este tema con un vídeo semieditado era un avance para los próximos cástines de Big Hit. Una vez más es Rap Mon quien está al micrófono, pero esta vez Jin y Suga, fichados en un castin anterior, también cantan.

Al ver el vídeo salta a la vista que estos chicos no están jugando al juego de siempre. Se trata de un grupo que no teme replicarle a su discográfica; un grupo que revelará cómo es realmente la vida de un ídolo en formación. Mientras Jin cubre dulcemente el inicio del éxito de 1984, «Last Christmas» de Wham!, la línea de rap se queja de unas navidades solitarias de prácticas sin fin e incluso se pregunta cómo van a escribir canciones de amor si se les prohíbe tener novia.

El mismo día en que se creó la cuenta de YouTube, BTS entró en la *tuitesfera* con la promesa de que en periodo previo a su debut estaría plagado de proezas divertidas. ¿Quién iba a pensar que en tan solo unos años acabarían dominando Twitter? Era casi 2013, y BTS ya estaba allí (si eras un fan del K-pop y estabas atento).

En enero de 2013 una canción nueva logró colarse en YouTube. Un vídeo sencillo pero artístico con un fondo negro y primerísimos planos en los que aparecían RM, Suga y Jin rapeando. En «School of Tears» recurrieron a los ritmos y el *flow* de «Swimming Pools» de Kendrick Lamar, pero el trío cantaba sus propias letras. Hablaban del lado oscuro de la vida escolar: del acoso, de los miedos de aquellos que no protegen al acosado por si les acaba pasando lo mismo a ellos. Rap Mon luce las nuevas rastas que se ha hecho para Año Nuevo (se las quita a finales de enero) y le recordaron este vídeo en septiembre de 2016, cuando el resto de la banda lo sorprendió interpretándola como parte de su fiesta de cumpleaños.

Durante los primeros meses del año, los miembros de BTS acudían con regularidad al estudio para grabar una especie de diario en vídeo. En estos *vlogs* solían aparecer solos en la pantalla, aunque más adelante supimos que otros miembros del grupo estaban presentes tras las cámaras, haciendo caras y tomándoles el pelo. Francos y abiertos, divertidos y sensibles, BTS demostraron que estaban preparados para hablar con sus seguidores de cualquier cosa, incluidos sus inseguridades y sus miedos.

Estaban preparados para hablar con sus seguidores de cualquier cosa, incluidos sus inseguridades y sus miedos.

En uno de sus vídeos, RM nos cuenta que está cabreado porque le han dicho que Big Hit no triunfará como rapero en solitario. El 8 de enero se queja de que no le viene a la cabeza ni una sola frase de rap; está agotado, desmotivado, quiere irse a casa y no se siente inspirado, pero sabe que la compañía espera que se le ocurra algo. Jin, en su *vlog*, habla de estar lejos de casa y tener que cuidar de sí mismo, y podemos ver los primeros signos de su interés por la cocina. Después, un Jimin adorablemente tímido aparece para hacer su primer *vlog* y, tras haber estado chinchando al resto mientras grababan el suyo, no se le ocurre nada que decir.

A principios de febrero, Jungkook hizo su primera entrada. Es el día de su graduación en secundaria y dice que sabe que debería estar contento pero, como el *maknae* (el más joven del grupo, todavía con solo quince años), expresa lo mucho que echa de menos su casa. Es una entrada desgarradora. J-Hope es más alegre y habla de sus objetivos previos al debut: hacer un rap con más estilo y ser más profesional en la parte del baile, pero en general, en aquellas primeras entradas, grabadas a menudo a última hora de la noche o a primera hora de la mañana después de un largo día de trabajo, los chicos se muestran muy cansados, algo tímidos y bastante abrumados por la posición en la que se encuentran.

El lanzamiento del alegre vídeo de «Graduation Song» tuvo, por lo tanto, una gran acogida. Jungkook, Jimin y J-Hope se pusieron en el centro de los focos. Y vaya si brillaron, con y sin los uniformes del colegio. Su enérgica

23

canción de rap ligero era una versión de «Young, Wild & Free» de Snoop Dogg, Wiz Khalifa y Bruno Mars. Con unas letras inteligentes y positivas, escritas por J-Hope y el productor Supreme Boi, celebran el final del colegio y las libertades de la vida adulta. Pero, incluso entonces, tenían el debut en la cabeza. En uno de los versos, J-Hope incluso pregunta al jefe si de verdad debutar tiene que ser tan duro. Esta canción, junto con los *vlogs*, contribuyó a generar interés. Era vital que contaran con seguidores antes de su primera aparición en público.

El Año Nuevo Lunar es un gran acontecimiento en Corea. En 2013 cayó el 10 de febrero. Al igual que el día de Acción de Gracias en Estados Unidos, es tradición pasar el día con la familia, y no podía haber llegado en mejor momento para siete chicos que habían estado trabajando hasta la extenuación. Después de haber estado en casa, haber visto a sus familias, haber dormido y comido bien durante un par de días, volvieron con las pilas recargadas. Su debut por fin estaba cerca y esto se reflejaba en sus *vlogs*: estaban muy emocionados y dedicados de nuevo a la causa BTS. «¡Nos esforzaremos todavía más para construir un mejor Bangtan!» era su mantra.

En los meses de abril y mayo, unos exhaustos Bangtan Boys aparecían hablando de las últimas prácticas de la coreografía para el debut, grabando pistas para su sencillo y grabando el videoclip. ¡La fecha estaba cada vez más cerca! En su *vlog* del 14 de mayo, RM señalaba la grabación de su primer videoclip como el final de su larga etapa de aprendiz. Unos días después, aparecieron todos juntos por primera vez en un *vlog*, hablando de la grabación del vídeo y leyendo mensajes de apoyo de sus fans, y añadieron que, aunque todavía faltaba casi un mes, aquel sería el último *vlog* antes de su debut.

Vale. Salían todos juntos, pero los ARMY, siempre atentos, se dieron cuenta de que faltaba un miembro fundamental. Taehyung, conocido como V, había formado parte de BTS durante más de dos años, y se había entrenado, cantando y bailando con los demás, pero nunca lo presentaron como miembro; no pudo publicar ningún *vlog*, y los demás no podían mencionarlo. ¡Pobre V! Era el arma secreta y, muy inteligentemente, Big Hit quiso que su existencia se mantuviese en secreto para causar un mayor impacto.

El debut es un momento decisivo para los grupos de K-pop y la presión iba en aumento. Para algunos, se trata de la satisfactoria culminación de tres años de incesante trabajo duro; para otros es tremendamente estresante, pero conforme se acercaba el gran día, el espíritu del grupo y su compañerismo fueron fundamentales para superar cualquier obstáculo.

El 21 de mayo de 2013, en el sitio web apareció un reloj con la cuenta atrás para el debut, y se publicó un avance del mismo. Era un montaje en blanco y negro de cuarenta y cinco segundos de duración de los nombres de los miembros y una serie de consignas impactantes que formaban un revólver que disparaba. Después, el 2 de junio, unas fotos publicadas en la página de BTS del sitio web de Big Hit y en Facebook revelaban por primera vez a Taehyung, adecuadamente malhumorado con el pelo rubio y revuelto. El plan de Big Hit parecía haber funcionado y, el día del debut, menos de dos semanas después, V ya contaba con cinco clubs de fans para él solo.

Al final de la página de inicio, al lado del reloj con la cuenta atrás, había una sencilla frase de señuelo que preguntaba: «¿Quién es el siguiente?». La respuesta llegó al día siguiente en forma de Jin, Jimin y Jungkook, y generó revuelo entre los K-poperos. Por último, un día después de eso, llegó la línea de rap. Los fans ya estaban familiarizados con RM, J-Hope y Suga gracias a las pistas, los vídeos y los *vlogs* que ya se habían publicado, pero esto era una presentación, ¡y estaban fantásticos!

En todas las fotos se mostraba a los miembros con su equipo de hip-hoperos malotes: cuero, logotipos y ropa de *skater* y deportiva. J-Hope llevaba una máscara de pinchos; RM llevaba gafas, un medallón y un bastón con el símbolo del dólar; Suga llevaba un *skate*; Jungkook lleva-

25

ba una máscara de hockey y una mano esquelética de oro sobre la suya propia; Jimin estaba precioso con su equipamiento de baloncesto; Jin tenía todo el aspecto de un *b-boy* con su gorra con la visera hacia atrás y sus *shorts* anchos, y V posaba vestido de cuero negro como el chico más guay del instituto. Era un *look* que volveríamos a ver de nuevo.

La preparación había terminado por el momento. Se habían publicado los avances. La cuenta atrás había terminado. Había llegado la hora. BTS, el mundo. Mundo, BTS. La presentación de su debut tuvo lugar el 12 de junio en el Ilchi Art Hall de Cheongdamdong, en el área Gangnam de la ciudad. Pero lo que contó fue el día siguiente, cuando la banda apareció en directo sobre el escenario por primera vez en los programas de televisión *M Countdown* y *Music Bank*.

Todavía se puede ver el vídeo del día del debut de BTS en YouTube y ver a siete Bangtan Boys tremendamente jóvenes a punto de enfrentarse al público por primera vez en directo. Están comprensiblemente nerviosos, ocultando sus inquietudes y practicando sus rutinas por última vez, bromeando entre sí o simplemente sentados en silencio. Todos ellos son una demostración de lo entregados que estaban estos chicos. Como dice V: «¡Solo tenemos una oportunidad!».

Por supuesto, una vez en el escenario interpretando «No More Dream», estuvieron agudos e impecables. Después, Jin, siempre tan perfeccionista, se echó a llorar porque el receptor del micrófono había hecho que se le bajasen los pantalones, pero sus compañeros lo consolaron. No tuvo tiempo de mortificarse por ello, ya que pronto debían volver a subirse al escenario para su otra canción promocionada: «We Are Bulletproof Pt. 2».

En el vídeo de YouTube se ve claramente reflejado en sus rostros al terminar las actuaciones del día que lo han

La preparación había terminado por el momento. Se habían publicado los avances. La cuenta atrás había terminado. Había llegado la hora. BTS, el mundo. Mundo, BTS.

BTS: ICONOS DEL K-POP

dado todo, pero saben que lo han clavado. Su energía, su estilo de rap y sus movimientos de baile y, especialmente, el lanzamiento de gorra de Jungkook y la exhibición de abdominales de Jimin, habían captado la atención del público. Como la mayoría de los grupos debutantes, BTS había creado un foro conocido como «fan café», que ya había alcanzado los 55.000 miembros.

Llevaban tres años soñando con el momento en que se comerían el escenario, de modo que no era de extrañar que estuvieran tan nerviosos. Todos dijeron que cuando terminaron y escucharon la ovación casi se echan a llorar; V incluso confesó que se le saltaron las lágrimas. Estaban orgullosos, pero admitieron que habían cometido errores y RM señaló lo mucho que le pesaban las piernas en el escenario en comparación con las sesiones de práctica, pero también sabían que ya habían aprendido mucho durante este breve periodo de debut.

Entretanto, su primer videoclip, «No More Dream», se había lanzado el día anterior al debut. La temática y la actitud hip-hopera encajaba con sus fotos de avance y sus actuaciones en el debut, y el escenario era de agitación y de rebeldía, en el que el grupo, luciendo mucho blanco y negro, conduce y estrella el autobús del colegio; unos ciclocrosistas vagan por las calles y una clase reacondicionada cuenta con una rampa de *skate* y paredes repletas de grafitis de BTS.

La coreografía es muy hip-hopera, con un montón de *crouches* bajos, golpes de cadera y dedos señalando a la velocidad del rayo y, gracias a una magnífica edición, transmite toda la energía de la actuación en directo. Aquellos que vieron los programas de debut reconocerían a Jungkook sujetando a Jimin mientras este corre en horizontal sobre las espaldas de los demás y, cómo no, las exhibiciones de abdominales de Jimin que derritieron al público en vivo.

Esta canción se incluyó en *2 Cool 4 Skool*, el primer CD de BTS, que salió a la venta el día del debut, el 12 de junio de 2013, y que venía en una elegante caja en negro y dorado. Se incluye un fotolibro con algunas bonitas imágenes similares a las que se revelaron en los avances, con las letras (en coreano), una postal y un panfleto en el que se anuncia el siguiente castin de Big Hit. Este «disco sencillo» con siete canciones sería el primero de una trilogía que exploraba los temas de no dejarse oprimir por el sistema educativo, de estar orgulloso de uno mismo y de enfrentarse a los desafíos de ser joven.

BOMBA BANGTAN
VJ [LA PRIMERA BANGTAN BOMB]

El 19 de junio de 2013, Bangtan TV publicó un vídeo de treinta segundos en YouTube. En él aparecía Jungkook grabando a Jimin, y en una esquina aparecía un pequeño logotipo: el dibujo de una bomba BTS. Esta fue la primera de muchas bombas: vídeos cortitos de grabaciones de momentos tras las cámaras, retos o en los que los chicos aparecían simplemente mostrando lo monos que son y haciendo el tonto. Duran entre veinte segundos y dos minutos, y permiten que los fans sepan cómo son los BTS fuera del escenario.

En este álbum de corta duración, RM declara la intención del grupo de dirigirse a los adolescentes y a los veinteañeros. Esto es lo que diferencia a BTS de la mayoría de los grupos de K-pop. Conseguirán relevancia y demostrarán que comparten las aspiraciones y los temores de su generación.

> Conseguirán relevancia y demostrarán que comparten las aspiraciones y los temores de su generación.

El álbum empieza adecuadamente con «We Are Bulletproof Pt. 2», que presenta a los chicos como un grupo que rapea mejor que las bandas de *idols* y tan auténtico como los raperos *underground* coreanos. Después viene «Skit: Circle Room Talk» (un *skit* consiste básicamente en una conversación entre los miem-

28

bros del grupo, algo característico de los álbumes de hip-hop estadounidense, desde De La Soul hasta Eminem), y daba a los chicos la oportunidad de comentar sus ideas y los temas del álbum antes de sumergirse directamente en «No More Dream», su sencillo de debut y la pista clave del disco. Si la misión de BTS era hablar por y para los adolescentes y los veinteañeros, esta canción iba directa al grano: es asertiva, está cargada de actitud y es tremendamente pegadiza.

La letra del inicio de la canción, escrita por RM, presenta al grupo al mundo y el resonante tañido del contrabajo, las líneas sarcásticas de Suga sobre la casa grande, los coches grandes y los anillos grandes que quiere y el coreado «la-la-la» (el primero de muchos) hacían que el sonido fuese magnífico.

El ritmo era incesante, con ganchos melódicos estratégicamente añadidos. Mientras tanto, la línea de rap tomaba protagonismo, trabajando en torno a la parte más melódica, que le pregunta al oyente con qué sueña. Las letras hablaban apasionadamente de la frustración y la rabia de que los jóvenes no sueñen y sean incapaces de escapar de las vidas mundanas que sus padres y la sociedad han establecido para ellos.

Tras la breve «Interlude» (una melodía que a RM le gustaba tanto que la usó para «Monterlude» en su *mixtape*), pasamos a «I Like It», y, mira tú qué cosas, ¡es una canción pop! Vale, también había partes de rap, pero Jungkook y Jin aportan unas dulces melodías a una canción sobre ver las fotos de una exnovia en las redes sociales. El álbum cerraba con la desenfadada «Circle Room Cypher» («cypher» es un término de hip-hop para una sesión de rap de estilo libre). No obstante, aquellos que compraron el CD recibieron dos pistas adicionales: «On the Start Line», interpretada por RM; y «Road/Path», en la que participa todo el grupo. Ambas hablan de las dificultades de sus años de aprendices, de lo que estarían haciendo si no fueran Bangtan y de lo fuertes que se habían hecho al estar juntos.

El periodo de debut continuó durante el resto de junio y julio, y los chicos promocionaron el álbum en emisiones de radio y televisión y mediante encuentros con los fans. Pero hubo un hito especialmente destacable. El 9 de julio, en el fan café de BTS, la banda anunció el nombre de su club de fans.

Desde aquel momento, sus seguidores pasarían a llamarse ARMY, un acrónimo de «Adorable Representative MC for Youth» [Adorables Representantes de la Juventud MC]. Explicaron que un ejército necesita su blindaje antibalas, de modo que los chicos y sus fans siempre estarían unidos. Los seguidores de BTS aceptaron el nombre inmediatamente; tenían una causa en la que creer y nada los detendría.

Después de casi cincuenta días frenéticos, el debut de BTS llegó a su fin. No habían causado sensación; mucha gente los vio como un grupo de hip-hop más y criticó su imagen rebelde y sus letras anticonservadoras, o dudó de sus posibilidades de éxito por no pertenecer a una de las Tres Grandes. Pero habían establecido una ética de grupo, una imagen, creían en sí mismos y, aún más importante, contaban con un público que ya se extendía desde Corea hasta otros lugares de Asia, América, Europa y Oriente Medio. Y la cosa solo acababa de empezar.

Tras su actuación de despedida, que marca el final de un debut, los miembros de BTS publicaron unas sentidas notas escritas a mano en su fan café. En ellas, la banda confesaba cómo se sentían cuando partían sin saber la ruta o el destino. Describían su debut como una montaña rusa de emociones y decían que, aunque en su formación se les había preparado bien para aquella experiencia, sabían que tenían mucho más que ofrecer. Estaban inmensamente agradecidos a los fans que habían conocido en persona y a los que les habían enviado mensajes por su apoyo. Afirmaban que, por encima de todo, aquello era lo que les daba la fuerza para pasar a la siguiente fase de su carrera con confianza y optimismo.

3

Rookie kings

*Y*a habían debutado. El momento con el que tanto tiempo habían estado soñando había llegado, pero los Bangtan Boys no pararon. Tenían encuentros con los fans, programas de radio y prácticas de baile a las que acudir, y nuevas canciones que grabar. Era una montaña rusa y se precipitaban por ella a toda velocidad. Todo el mundo necesitaba agarrarse con fuerza.

Tan solo unas semanas después de su actuación de despedida, y con 2 *Cool 4 Skool* en el número cinco en la lista de éxitos surcoreana, BTS empezó a grabar nuevas canciones. El reloj con la cuenta atrás de Big Hit Entertainment volvió a aparecer en su página web, junto con un nuevo tráiler, lanzado el 27 de agosto de 2013. En el tráiler, unas deportivas con la marca BTS, un anillo, un micrófono y un radiocasete caían a cámara lenta mientras RM retomaba la historia por donde «No More Dream» la había dejado. Sobre una solemne pista de fondo, dice en inglés: «Ha llegado la hora de que vivas tu propia vida, de que tomes tus propias decisiones, ahora, antes de que sea demasiado tarde». Tras el *beat* de batería, RM rapea en su lengua hasta que los objetos de BTS se estrellan contra el cristal, rompiéndolo en mil pedazos.

Una semana después hubo más. En un tráiler conceptual, el grupo aparecía con todos los miembros vestidos de uniforme negro compuesto de camisa de manga corta, pantalones cortos y calcetines largos de BTS. La policía armada los rodeaba y los asesinaba a todos uno por uno. Los *idols* caían al suelo, hasta que RM, que ha logrado hábilmente escapar, vuelve para reanimarlos. Tras volver a la vida, se arrancan las camisas negras y revelan unas camisetas blancas sin mangas. La coreografía es rápida e intensa. Claramente han subido de nivel desde su debut, con una sincronía magnífica e impecable. Este sigue siendo uno de sus mejores bailes a fecha de hoy.

> Claramente han subido de nivel desde su debut [...] Este sigue siendo uno de sus mejores bailes a fecha de hoy.

A través de sus *vlogs* y tuits, los chicos revelaron no solo el regreso de los nervios previos al debut, que se habían perdido en el subidón de adrenalina de su primera actuación, sino también sus expectativas de subir las apuestas. ¿Podrían hacerlo? La respuesta es «N.O», canción que se lanzó el 10 de septiembre de 2013.

En el vídeo de «N.O», aparecen en un escalofriante colegio distópico en el que unos estudiantes uniformados, drogados y sin espíritu acudían a clase vigilados por guardias armados. Cuando Jungkook inicia la rebelión en el aula, el vídeo pasa a un estudio blanco luminoso y a un escenario exterior con unas gigantes manos de piedra, donde se desarrolla el baile. La coreografía rebaja el incesante nivel de energía y se centra en la historia emocional, aunque también incluye algunos movimientos increíbles, especialmente teniendo en cuenta que Jimin, a quien suelen pinchar por ser el más bajo de todos, juega el papel de héroe: salta desde el fondo del escenario y ejecuta un medio giro con patada en el aire que acaba con toda la policía opresora de un solo golpe.

Pero, ante todo, el vídeo celebraba el *look* del grupo, a nivel colectivo e individual. El nuevo concepto dejaba atrás el negro y lo cambiaba por un blanco angelical, aunque, con la distintiva cadena con la palabra «faith» de V, la bandana de Suga, y con RM conservando sus gafas de sol, el estilo hip-hop seguía muy patente. Los chicos también se habían cambiado el pelo. Jim lucía un nuevo y suave corte a tazón, Suga se había pasado a un tono castaño chocolate ondulado y V se lo había aclarado y llevaba un tono morado.

33

En septiembre estuvieron de nuevo promocionando los nuevos sencillos, «N.O» y «Rise of Bangtan». El mundillo del K-pop es tan competitivo que parece absurdo; BTS debía esforzarse mucho para crearse seguidores, y lo hacía celebrando encuentros con los fans en Corea, publicando contenidos en las redes sociales, mediante las bombas Bangtan en YouTube y, sobre todo, apareciendo en los concursos musicales de televisión donde los récords de ventas, el número de reproducciones y los votos de los telespectadores contribuían a escoger al ganador.

Aunque todavía no estaban en posición de competir con otros grupos de K-pop mucho más conocidos y respaldados por enormes campañas publicitarias, como el de G-Dragon, BTS empezaban a llamar la atención. En una de sus actuaciones en el programa *Music Bank TV* dieron a los fans un regalo inesperado. Cuando los chicos se arrancan los uniformes para enseñar las camisetas blancas, RM y Jimin, dándolo todo, se arrancaron accidentalmente la mitad de las camisetas también. Todavía puedes revivir la emoción del momento (busca «Jimin bailando se arranca la camiseta»).

El nuevo disco de diez canciones, el segundo de lo que se acabaría convirtiendo en su trilogía escolar, titulado *O!RUL8,2?* —que significa «Vaya, ¿tú también llegas tarde?»—, salió a la venta el 11 de septiembre de 2013. La caja del CD incluía un póster y un libreto con fotos del nuevo concepto, así como dos tarjetas y una biografía en cómic de los miembros de BTS.

El primer avance de RM resultó ser la intro del álbum, que antecedía lógicamente a «N.O», el aclamado sencillo. Las letras, tal y como sugería el vídeo, una vez más, se centraban en los estudios. «N.O» (que también significa «Sin ofender») es un rechazo a cumplir las expectativas educativas de los padres. Desarrolla los temas de «No More Dream» al abordar las intensas presiones y las incesantes rutinas impuestas a los estudiantes, especialmente en Corea del Sur. ¿Puedes ser feliz siendo una «máquina de estudiar»? El mensaje era que tienes otras opciones: no dejes de perseguir tus sueños o será demasiado tarde.

La música tras el mensaje comienza con un sonido orquestal muy estimulante, antes de dejar que el *beat* tome el relevo y el rap y la melodía vocal pasen a un primer plano. Las líneas están repartidas más o menos por igual entre todos los miembros e incluso Jungkook, transformándose en su famoso apodo *maknae*, rapea en una parte.

> El mensaje era [...] no dejes de perseguir tus sueños o será demasiado tarde.

Después viene «We On». Se trata de una auténtica gema con unos magníficos (y rápidos) ritmos sutiles en la línea de rap, que contrastan con la dulzura de las melodías de Jungkook y Jimin. La canción es una orgullosa respuesta a los *haters* que despreciaron a BTS, pero que buscaba su atención ahora que habían debutado. El *skit* «R U Happy Now?» que sigue a continuación es una breve charla en la que la banda habla sobre lo cansados que están, pero también de que están contentos de estar donde están.

«If I Ruled the World» lleva la línea de rap a sus sueños más ambiciosos de fama, éxito y confianza (sueños que se estaban convirtiendo rápidamente en realidad) con unos coros pegadizos potenciados con uno de los primeros ejemplos de las deliciosas melodías de voz aterciopelada de V. Tras esta pista llega «Coffee», una canción sobre rupturas adolescentes en la que el dulce sabor del *caramel macchiato* que compartían contrasta con la amargura del café americano que ahora se bebe solo. Inteligente, ¿verdad?

«Cypher Pt. 1» es su primer rap en serio (después del intento en broma del álbum anterior). Es divertido, tajante y, sin duda, demuestra que son capaces de marcarse unos ritmos, cualidades a las que continuarán dando buen uso en «Rise of Bangtan» (a veces llamada «Attack on Bangtan», una broma que hace referencia a la famosa serie manga *Ataque a los titanes*). Otra canción de BTS, y una de las favoritas en directo por la alegría y la energía que desprende, es «La, la, la».

35

«Paldogangsan», una de las primeras canciones grabadas por BTS en agosto de 2011, es más conocida como «Satoori Rap». Los *satoori* son dialectos coreanos, y este rap es una batalla entre los distintos dialectos de Suga y J-Hope, con la intervención de RM usando el dialecto estándar de Seúl. En el escenario, el grupo se divertía colocando a un equipo del este (Gyeongnsan) contra otro del oeste (Jeolla y Seúl).

Después de tanto rap, es justo que la línea vocal tenga la última palabra. Puede que «Outro: Luv in Skool» solo dure un minuto y medio, pero está muy bien cantada y su elevadísimo número de visualizaciones en YouTube se deberá, sin duda, a aquellos que escuchan las últimas palabras de la canción (y del álbum) en bucle: ¡Jungkook te pide salir!

A los coreanos les encantan sus programas televisivos de variedades. Ver a los famosos participar en juegos, probar movimientos de baile o tratar de superar absurdos desafíos es un pasatiempo nacional. Al tratarse de un grupo novato, era difícil que BTS fuese invitado a un programa de ese estilo, de modo que ¿por qué no crear un programa de variedades propio? El canal surcoreano SBS MTV ya había tenido éxitos con el grupo Block B en *Match Up* y con VIXX en *Plan V Diary*, pero BTS estaban a punto de hacerse con el formato y conquistar a todo el público.

Rookie King: Channel Bangtan, que apareció en el canal surcoreano SBS MTV, era una parodia de los programas coreanos de mayor éxito y era muy, muy divertido. En los ocho episodios de cincuenta minutos de duración, BTS se ganó los corazones de miles de fans más gracias a su humor, su personalidad relajada y la amistad que había entre los miembros del grupo. Merece mucho la pena ver los episodios en Internet: desde el primer *sketch*, en el que los chicos visten *hanboks* (trajes tradicionales) azules, hasta su versión de *X-Man* (otro concurso surcoreano famoso), en la que se selecciona en secreto a un miembro para que pierda el concurso (venga, ¡adivina cuál!). En estos programas hay momentos tremendamente cómicos y queda perfectamente reflejada la química que existe entre los BTS.

36

¡Jungkook te pide salir!

Entre *sketch* y *sketch*, había algunos momentos que alcanzaban un estado mítico. En el primer episodio había una broma de cámara oculta en la que se grababa en secreto a cada uno de los chicos mientras una joven muy guapa (una actriz) subía al ascensor llorando y pulsaba el botón de todas las plantas. Sus reacciones, desde la vergüenza de J-Hope al ver que lo habían pillado bailando, hasta la conmovedora preocupación de Jin, son fascinantes. Y luego está el segmento «Open Your Heart», en el que los chicos aparecen gritando sus quejas y confesiones más amargas desde una plataforma en una terraza (¡incluido el momento en el que Suga confiesa que fue él quien robó la ropa interior de Jungkook!).

O!RUL8,2? se posicionó en el número cuatro de las listas coreanas y «N.O» fue un éxito modesto, llegando al número noventa y dos, que es una mejora en comparación con «No More Dream», pero seguían siendo momentos difíciles para el grupo. Sí, el debut había ido bien, y habían aparecido un poco en televisión, pero el mundo del K-pop es tremendamente competitivo, y muchos fueron críticos con su estilo de rap, sus letras rebeldes y un sonido hip-hop que algunos consideraban anticuado. Además, permanecer en la cima requería un respaldo económico importante, cosa que a Big Hit le estaba costando encontrar. La presión para seguir adelante era inmensa.

Muchos otros grupos de K-pop con talento no habían logrado sobrevivir con esta clase de presión, y no es de extrañar que en esta época surgiesen los rumores de que BTS se estaba planteando disolverse. ¡Imagina todas las maravillas que podríamos habernos perdido! Fueron los ARMY los que evitaron que se separaran. Sus mensajes de cariño y apoyo y la asistencia masiva a los encuentros de fans animó a los chicos a seguir adelante en los momentos difíciles.

Los Melon Music Awards celebrados en noviembre de 2013 supusieron un fan-

Los mensajes de ARMY de cariño y apoyo y la asistencia masiva a los encuentros de fans animó a los chicos a seguir adelante en los momentos difíciles.

tástico empujón que no pudo llegar en mejor momento, ya que BTS ganó el premio al Mejor Artista Revelación. Si los chicos hubiesen podido pedir un deseo cuando debutaron en junio, ese deseo habría sido ganar aquel prestigioso premio, que se basa en las ventas digitales, la puntuación de los jueces y los votos en línea. Ese era el reconocimiento que estaban esperando, pero no se lo podían creer, como se puede ver en YouTube en el vídeo grabado detrás de los escenarios.

De camino de regreso a los camerinos iban saltando por el pasillo. RM explicaba que había estado practicando su discurso esa misma tarde, rezando para poder ganar. Se lo había estudiado bien y había planeado mencionar a sus familias, a sus profesores de baile y al personal de Big Hit. Sin embargo, cuando por fin tuvo el micrófono delante, estaba tan abrumado que solo fue capaz de gimotear «Bang Si-hyuk PD-nim», el nombre formal del jefe de Big Hit. Afortunadamente, Suga le susurró que también deberían dar las gracias a sus padres.

38

Si esto supuso un buen final de 2013, recoger el premio a la Mejor Estrella en Ascenso en los Golden Disc Awards el 1 de enero fue la manera perfecta de comenzar 2014. Ganar el premio de debut en las ceremonias del Korean Music Awards más antiguas colocó a BTS en un muy buen lugar. Otros grupos de éxito como Super Junior, SHINee y EXO habían ganado aquel certamen en años anteriores.

BOMBA BANGTAN
N.O TROT VERSION BY JUNGKOOK
AND OPERA VERSION BY BTS

Esta es la era dorada de *O!RUL8,2?* Jungkook está detrás de los escenarios, entreteniéndose cantando una versión trot (una balada de estilo coreano tradicional) del estribillo de «N.O». Alentados por Suga, los otros prueban con diferentes estilos, entre los que destaca la magnífica nota alta operística de J-Hope. ¡Te reirás y alucinarás!

Y a finales de enero, recogieron otro premio para nuevas promesas. Siguiendo de nuevo los pasos de EXO, ganaron el Premio al Artista Revelación en los Seoul Music Awards. Y no pudo llegar en mejor momento, porque la cuenta atrás para la última parte de la trilogía, *Skool Luv Affair*, había comenzado. Las fotos de avance continuaron con la temática colegial, con los chicos posando vestidos de uniforme y muy maquillados. En el tráiler de regreso, RM se marcaba un rap duro sobre una fantástica secuencia animada con iconografía clásica del hip-hop, que incluía chicos con radiocasetes por cabeza.

El 11 de febrero llegó la presentación en vivo en televisión del miniálbum, en la que los chicos interpretaron la canción «Jump» con una exuberante coreografía a juego, que incluye una silla en el aire que los miembros del grupo formaron con los brazos sobre la que Suga se sienta a rapear, y «Boy in Luv», la canción principal, en la que destaca el momento en que J-Hope vuela hacia el frente del escenario de un salto.

39

El nuevo concepto posicionó al grupo como los chicos malos del colegio, duros y salvajes, pero con corazones tiernos, ya que el EP abordaba la temática del amor y el noviazgo adolescente. Iban vestidos de uniforme: chaqueta negra (excepto el rebelde Jimin, que lleva una de cuero), camisa blanca y pantalones negros, portados con personalidad. El pelo a tazón de Jimin había desaparecido y ahora estaba engominado y revuelto. El color de V había pasado a un interesante naranja chillón, mientras que RM lucía un tupé platino peinado hacia atrás.

El vídeo de «Boy in Luv» seguía este concepto. Son una pandilla escolar. Jungkook es el único que está haciendo los deberes. Los demás se están escondiendo o haciendo de las suyas hasta que la aparición de una chica guapa por el pasillo los reúne a todos. Para llevarla delante de Jungkook, le rapean en la cara, la agarran de la muñeca y tiran de ella. No pinta muy bien, pero su actitud hacia las mujeres pronto cambiará a mejor.

En YouTube hicieron una demostración de «Boy in Luv»

para un vídeo de «Let's Dance». En esta serie, distintos artistas y grupos enseñan a sus fans sus movimientos de baile. Guiándonos a través de su número macho-romántico, V y Jungkook hicieron una demostración del «King Kong», balanceando los brazos y golpeándose el pecho; Jin y Jimin nos mostraron el «baile del afeitado», una rutina de acicalado-posado que termina con un «¡hey!»; y, por último, la línea de rap nos muestra su secuencia de «tío duro-agárrate los pantalones», todavía por bautizar. ¡Solo tienes que copiar esa imagen dura pero vulnerable y tú también podrás bailar como BTS!

El CD venía en una caja verde con las letras en rosa metalizado. Al igual que las ediciones anteriores, iba acompañado de un extenso libro de fotos y otros extras coleccionables: un paquete de pegatinas animadas de monstruos Bangtan hiphoperos, una tarjeta con una foto del grupo aleatoria y una tarjeta de un miembro del grupo aleatorio con algunos datos personales garabateados detrás, incluidos la fecha de nacimiento, el grupo sanguíneo, sus cosas favoritas y la firma.

Sin abandonar su estilo hip-hop, en *Skool Luv Affair* las canciones tienen un elemento vocal más presente que en los álbumes anteriores. RM, Suga y J-Hope participan en las letras, y Suga participó en la escritura y los arreglos de casi todas las canciones.

¡Copia esa imagen dura pero vulnerable y tú también podrás bailar como BTS!

¿Recuerdas la última canción «Outro: Luv in Skool»? Pues aquí aparece de nuevo como «Intro: Skool Luv Affair», que inicia el disco con la particular visión que tienen los chicos sobre las relaciones. «Boy in Luv» empieza con el clásico hip-hop de BTS, pero al cabo de un minuto aproximadamente algo sucede y la atmósfera cambia completamente. El típico sonido electrónico es sustituido de repente por guitarras eléctricas y baterías. ¿Se ha convertido BTS en una banda de rock? Bueno, no, pero tan solo nueve meses después de su debut están demostrando que son capaces de jugar con su sonido.

Las canciones de amor anteriores de BTS se basaban en relaciones pasadas y en recuerdos agridulces de romances que habían terminado recientemente, pero esta canción es diferente. Aquí, los chicos son duros pero se ven humillados por una chica seductora que parece inalcanzable. Se sienten inseguros, frustrados, beligerantes, sensibles y vulnerables. ¡Y todo en una canción! Es otro gran himno adolescente en el que RM se cabrea por quedar como un idiota delante de la chica, J-Hope intenta mantenerse fuerte, mientras en una frase clásica Jungkook le pide consejo a su padre. ¿Cómo le pidió salir a su madre? ¿Le escribió una carta? ¡Qué mono!

A continuación viene «Skit: Soulmate», y es el típico *skit* en el que los chicos hablan sobre qué *skit* van a hacer (con la intervención especial de los invitados Supreme Boi y Bang PD), seguido de «Where Did You Come From?», con un sonido de sinte supervivaz y divertido. Se trata de otra canción *satoori*, en la que los chicos compiten con sus requiebros en el dialecto de cada uno.

«Just One Day» (canción que se promocionó en abril como segundo sencillo del álbum) es una pista tranquila y exquisita con un sonido R&B de medio tiempo. Sus letras de ensueño describen veinticuatro horas perfectas con la chica, aunque Suga, siempre tan realista, nos recuerda que con su horario siempre tan ocupado no es más que un sueño.

BOMBA BANGTAN
RINGA LINGA (BY TAEYANG OF BIGBANG) DANCE PARTY

Las bombas están repletas de momentos en los que los chicos de BTS cantan y bailan los éxitos de otros artistas, y este es un ejemplo temprano muy divertido. Jimin (¡mirad su pelo!) parece haber captado los movimientos muy bien, pero J-Hope parece estar simplemente sacudiendo los brazos, y V no consigue pasar de los primeros segundos. Aun así, lo están pasando muy bien, conque ¿quién se queja?

BOMBA BANGTAN
BOYS' CONFESSIONS THEIR OWN WAY
No te pierdas esta pieza complementaria de «Where Did You Come From?» en la que cada uno de ellos comparte sus frases para ligar delante de la cámara. Según tú, ¿quién es el ganador? ¿Qué atraparía más tu corazón? ¿La intensidad de Jin? ¿La actuación lamentable de Jimin? ¿La dureza de V? ¿La sonrisa de Jungkook? ¿O la auténtica locura de J-Hope? (Seamos sinceros, ¡Suga no se esfuerza mucho que digamos!)

Cuando salió el vídeo (en un plató minimalista, con los chicos vestidos con unas chaquetas de punto blancas, sentados en unas sillas y mostrando un nuevo lado dulce y sensible), sin duda reclutó a otra legión más de fans para su ARMY.

42 Pero si creías que BTS había abandonado el rap para siempre, te equivocabas. En las siguientes tres pistas vemos cómo regresan a sus raíces hip-hoperas. «Tomorrow» continúa en la línea de «sigue tus sueños» y, en ella, RM se marca un rap rápido como una metralleta, mientras que en «Cypher Pt. 2: Triptych» escuchamos una línea de rap libre y a un Suga intenso y sincero, quizá en su mejor forma. Después viene «Spine Breaker», que se ha convertido en una firme favorita de los fans. Es una canción clásica y de concienciación social en la que V, con su voz grave y magnífica, señala los costes (tanto económicos como sociales) de que los niños se vean obligados a seguir modas caras.

El álbum se aproxima a su final con la excelente «Jump», que celebra enérgicamente años de duro trabajo que al final se ven recompensados en el escenario. Por último, la línea vocal despide el álbum con una balada pura de dos minutos. Para algunos, es en esta canción en la que Jin brilla con luz propia por primera vez, alcanzando sin esfuerzo unas notas muy altas.

Si alguien tenía dudas sobre la trayectoria que BTS estaba tomando, *Skool Luv Affair* y «Boy in Luv» las disipó todas. De repente, el futuro parecía bastante prometedor. El disco llegó al número uno en la lista de éxitos coreana y al número tres en la *Billboard World Albums Chart.* «Boy in Luv» también llegó al número cinco de la *Billboard World Chart,* que clasifica a los sencillos digitales internacionales de mayor éxito en Estados Unidos. Con el verano cerca, con las apariciones en televisión y con un próximo viaje a Japón, quedaban pocas dudas: BTS eran los *rookie kings,* es decir, los reyes entre los novatos.

43

RM

FICHA TÉCNICA

Nombre: Kim Namjoon
Apodos: RM, Rap Monster, God of Destruction, Dance
  Prodigy, Namjoonie
Fecha de nacimiento: 12 de septiembre de 1994
Lugar de nacimiento: Ilsan, Corea del Sur
Altura: 1,81 metros
Educación: Instituto Apgujeong, Global Cyber University
Horóscopo chino: Perro
Signo zodiacal: Virgo

4

Kim Namjoon/RM: el monstruo interior

*N*o es ningún monstruo, es Kim Namjoon: el reservado líder de BTS. El rapero es el miembro más alto y podría decirse que el más estiloso del grupo, y ha demostrado ser también sensible y profundo. De modo que cuando en septiembre de 2017 anunció que iba a cambiarse el nombre a RM, resultó una transición natural: el rapero adolescente que había adoptado el varonil apodo de Rap Monster siendo un aprendiz había ido demostrando desde entonces que era un músico superinteligente y consumado, más un poeta que un monstruo.

Kim Namjoon creció en Ilsan, una próspera ciudad satélite de Seúl, en Corea del Sur, junto a su madre, su padre y su hermana pequeña. Fue un niño feliz, y en sus fotos de niño risueño aparecen ya esos hoyuelos por los que los ARMY se derretirían veinte años después. El colegio nunca fue un problema para el joven Namjoon. A pesar de admitir que era el payasete de la clase, estudiaba mucho y solía sacar buenas notas. Sus padres estaban convencidos de que le esperaba una buena universidad y un buen trabajo. Al ver la foto de graduación de secundaria de Namjoon, con su corte de pelo a cacerola y sus gafas aburridas, nadie podría culparse por pensar que acabaría siendo un futuro funcionario del gobierno.

En casa, su madre lo animaba para que aprendiera inglés. Juntos veían los programas de la CNN y la BBC News y, con doce años, pasó cuatro meses estudiando en Nueva Zelanda. Como reveló en el programa estadounidense *Ellen DeGe-*

neres Show en 2017, «mi profesora de inglés fue la serie *Friends*. En su día, cuando tenía unos catorce o quince años, todos los padres tenían una especie de fiebre por hacer que sus hijos vieran *Friends*». Comentó que su madre le compró las diez temporadas en DVD: «Primero las vi con subtítulos en coreano, y la siguiente vez las vi con subtítulos en inglés, y después ya sin ellos».

Para entonces ya había descubierto otro tutor de inglés: el rap, especialmente los artistas estadounidenses como Nas y Eminem. Empezó a escribir sus propios raps en trozos de papel, escondiéndolos entre las páginas de sus libros de texto para que sus padres no descubriesen su pasión. Lo pillaron algunas veces, pero a nadie le importaba siempre y cuando siguiese obteniendo magníficas notas en el colegio. Por aquella época lo animaban para que quisiera ser algo más que conserje, su ambición en primaria (aunque llegó a ponerse el uniforme para el vídeo de «Dope!»).

Namjoon estaba creciendo rápido como rapero. Adoptó el nombre artístico Runch Randa, que sacó de un avatar del videojuego *Maple Story*, y salía por Hongdae, el barrio moderno de Seúl, donde estaba floreciendo la escena hip-hop (conocida como *underground*). En colaboración con otros, incluidos Kidoh (antiguo miembro de Topp Dogg), el rapero Iron y el futuro productor de BTS, Supreme Boi, formó un equipo de rap nombrado DaeNamHyup (o DNH), y más adelante se codearía con otras estrellas nacientes, como Zico, actual líder de Block B.

Pronto empezó a atraer miradas. En 2010, el cantante de hip-hop y estrella de la televisión Sleepy acudió a un castin y vio a este joven con un don para el rap. Consiguió el número de teléfono de Runch Randa, llamó a Big Hit Entertainment y les dijo que les gustaría echarle un vistazo a ese estudiante de primer año de instituto con tanto talento.

Pero sus profesores y sus padres tenían otros planes para él. Namjoon obtuvo sobresaliente en los exámenes de lengua

Empezó a escribir sus propios raps en trozos de papel.

coreana, matemáticas, lengua extranjera y estudios sociales. En unas pruebas obtuvo un coeficiente intelectual de 148, y estuvo cerca de entrar en el uno por ciento de los mejores estudiantes de todo el país. La hora de la verdad se acercaba para Namjoon, pero ¿cómo podía convencer a sus padres de que una carrera en la música era el camino que debía seguir?

Según comunicó al sitio web Koreaboo, había construido un argumento cuidadosamente elaborado: «Mis notas estaban aproximadamente en el puesto cinco mil del país —recordó que le dijo a su madre—. Si seguía por aquel camino, habría acabado siendo un hombre de éxito con un trabajo aburrido. Pero, por muy inteligente que me dijera la gente que era, era el número cinco mil del país. Sin embargo, estaba seguro de que sería el número uno del país en lo que respecta al rap». Le preguntó a su madre si quería que su hijo fuera el número uno o el cinco mil. ¿Qué madre sería capaz de negarle a su hijo una oportunidad así?

Namjoon pasó las pruebas de Big Hit en 2010 y trabajó con la compañía como rapero en solitario y, después, cuando probaron varias combinaciones de raperos para crear un grupo de hip-hop llamado Bangtan Sonyeondan. Algunos se marcharon, frustrados por el proceso, mientras que otros renunciaron cuando Big Hit decidió cambiar el enfoque y crear un grupo de *idols*.

Y así empezaron los tres largos años de Namjoon como aprendiz. Fueron días duros, aburridos y repetitivos de trabajo duro, que incluía el baile, una nueva disciplina para él. No se había inscrito como bailarín, pero aquello formaba parte de estar en un grupo de *idols*, de modo que se esforzó y en el proceso escogió un nuevo apodo, Dance Prodigy, una referencia irónica a sus dificultades como bailarín. En el año 2015 todavía afirmaba que no le gustaba bailar, pero que entendía que formaba parte del trato.

Adoptó su alias Rap Monster durante sus tiempos como

«Estaba seguro de que sería el número uno del país en lo que respecta al rap.»

47

aprendiz. Al final de una de sus canciones, gritaba: «¡Rap Monster!», y el personal de la compañía empezó a llamarle así por diversión. Al final se le quedó y lo adoptó como nombre artístico. Era uno de los muchos cambios que haría conforme se acercaba el debut de BTS. Recibió numerosas críticas por venderse y abandonar el auténtico camino del rap *underground* y, en consecuencia, tuvo que defenderse por fichar como *idol* y disfrutar de las oportunidades que aquello le brindaba; además, la vida de *idol* también le resultaba difícil en algunas ocasiones y no siempre se sentía cómodo llevando los ojos con maquillaje ahumado, poniendo posturitas *aegyo* y participando en bailes con tanta coreografía.

Además, hubo otro cambio importante al que Namjoon tuvo que hacer frente: fue nombrado el líder de BTS. Esto, por supuesto, fue un gran honor, pero también estaba en una posición que implicaba un montón de responsabilidad. Tendría que hacerse cargo en las apariciones en público, como en las promociones, las giras, las conferencias de prensa, los discursos a la hora de recoger premios y las entrevistas de televisión. Tendría que ser elocuente y autoritario, pero también asegurarse de que incluía al resto del grupo y les daba la oportunidad de participar y de hacer sus comentarios. Teniendo en cuenta el asombroso éxito que tendrían en Estados Unidos en el futuro, fue un movimiento inteligente por parte de Big Hit otorgarle el liderazgo del grupo al miembro que mejor hablaba inglés.

El líder también tenía que hacer de intermediario entre la compañía y el grupo. En un episodio fascinante de la serie de televisión coreana *Problematic Men*, RM y Suho, del grupo masculino EXO, hablan sobre el liderazgo. RM explica que lo hicieron líder porque fue el primer miembro de BTS y porque sus ideas habían contribuido a definir la dirección musical del grupo, a pesar de no ser el mayor. Jin, Suga y J-Hope son mayores que él (una distinción importante para la sociedad coreana), lo cual, cuando tiene que ponerse firme, a veces puede generar ciertas fricciones. Sin embargo, su manera de lidiar con sus responsabilidades no pasa desapercibida para los demás. En el libro *Wings*, un agradecido V señala que RM carga con muchos de los problemas él solo y se esfuerza en crear una atmósfera que haga que los miembros de BTS se lleven bien.

RM carga con muchos de los problemas él solo y se esfuerza en crear una atmósfera que haga que los miembros de BTS se lleven bien.

A pesar de ser el líder, RM está muy unido a todos los demás miembros. Su naturaleza reservada y su trabajo como autor y productor implican que en los vídeos entre bastidores aparezca a menudo sentado tranquilamente al fondo, preparándose para la actuación, pero en los *realities Gayo* o *Run BTS!* vemos cómo participa en los juegos y bailes absurdos y cómo hace tonterías con el resto.

De todos los miembros de la banda, al que más tiempo conoce es a Suga, ya que se hicieron amigos desde Daegu, cuando llegó a la residencia en 2011. Ellos son los dos músicos serios del grupo y se entienden profundamente el uno al otro. RM ha admitido que Suga es al que acude cuando está preocupado. Después están sus otros antiguos compañeros de habitación: Jungkook, que tiene una relación especial de «hermano mayor» con RM (busca «One-Minute English», de V-Live, donde RM le enseña al joven *maknae* a decir «Pardon?»), y V, el miembro al que pareció echar más de menos cuando regresó a casa antes de tiempo en el primer viaje *Bon Voyage* (uno de los viajes al extranjero sin supervisión de BTS).

El vínculo que une a Namjoon y a Jin es su disputa por el puesto como peor bailarín. Jin contó al programa de televisión *Please Take Care of My Refrigerator* que en sus prácticas de coreografía los otros cinco miembros aprenden del instructor de baile, mientras que él y RM están excluidos y acaban aprendiendo los movimientos en un rincón.

En términos de pura personalidad, su coetáneo, J-Hope (ambos nacieron en 1994) siempre le hace reír, especialmente con sus descaradas imitaciones del líder. De hecho, RM ha afirmado que J-Hope sería su compañero ideal en una isla desierta, porque, como no para de hablar, no le haría falta una radio.

J-Hope también aparece como la madre de una hilarante estudiante e histérica fan de BTS (una de las interpretaciones más memorables de RM) en el vídeo de 2017 de «House of Army». Este vídeo aparecería en todas las recopilaciones de los mejores momentos de BTS, junto con su brillante y divertido baile sacudiendo las mangas en *Weekly Idol*, en el que mantiene una cara de póker mientras sus compañeros lo observan desconcertados (excepto Suga, que no puede mirar), su trágico intento de cortar una cebolla en el mismo programa y, cómo no, su comentario en el asiento de un avión de: «Jimin, you got no jams [Jimin, no tienes gracia]».

Durante los años de formación de BTS, además de cómo rapero y como líder de RM, los fans han logrado conocer al auténtico Kim Namjoon. Su torpeza es legendaria y, al parecer, rompe casi todo lo que toca, lo que ha provocado que los demás chicos lo hayan bautizado como «God of Destruction». El videoclip en el que rompe sus gafas de sol nuevas se convirtió en un meme al instante, pero con los años también hemos oído hablar de puertas que se caían en la residencia y, en algunas grabaciones, aparece rompiendo sin esfuerzo decorados de los vídeos. Jin dijo una vez para la revista *Haru Hana* que su líder era «el pequeño dinosaurio Dooly*», y añadió: «RM sacude la cola y destroza cosas». Además, RM tiene la habilidad de perder cosas con tanta frecuencia que a nadie pareció sorprenderle cuando perdió el pasaporte y tuvo que interrumpir su viaje *Bon Voyage* a Escandinavia.

Los miembros del grupo también han aprendido a distinguir muy rápido entre RM el artista y Namjoon, el chico con el que comparten residencia. Suga dijo en una entrevista para la revista *Ize* que, en el escenario, Rap Mon lleva gafas

RM ha afirmado que J-Hope sería su compañero ideal en una isla desierta, porque, como no para de hablar, no le haría falta una radio.

---

* Protagonista de la serie de dibujos animados coreana del mismo nombre.

de sol y proyecta una imagen muy potente, pero que en realidad le gustan las cosas monas. De hecho, Namjoon tiene un precioso perro esquimal americano blanco y peludito llamado Rapmon desde 2013, cuando era solo un cachorro. Y también está obsesionado con Ryan, el adorable león de la aplicación de mensajería instantánea Kakao Friends. Ha admitido que tiene al menos trece peluches de Ryan en su habitación de la residencia, así como un montón de pijamas de Ryan, una antifaz de Ryan y carcasas de Ryan para el móvil, y, en 2016, los chicos le regalaron una tarta de cumpleaños de Ryan.

BOMBA BANGTAN
JIMIN: I GOT YES JAM

RM estrecha lazos con Jimin en este divertido vídeo de dos minutos en el que ambos bailan dándolo todo. En esta bomba, una de las favoritas de los ARMY, no paran de brincar y de hacer como que tocan la guitarra, y es una muestra de que Kim Namjoon es tan capaz como cualquiera de volverse loco. Y, recuerda, como él mismo dijo una vez, ¡es R-A-P Monster, no D-A-N-C-E Monster!

Los estilismos de RM son otro aspecto clave de su personalidad. Publica con regularidad fotos suyas con el *hashtag* #KimDaily en la cuenta oficial de Twitter de BTS. En su estilo predominan prendas *street* de última moda, poniendo especial énfasis en el blanco y negro, pero no tiene miedo de combinarlo con una camisa o un accesorio colorido. Normalmente lo vemos llevando una gorra o un gorro de punto y Converse o Vans clásicas, pero él elabora su propio estilo, a menudo con marcas japonesas, como WTAPS y Neighborhood. RM luce la mayoría de los *looks*, incluso aquellos que podrían considerarse estrafalarios, como demuestra su inolvidable foto con un mono a lo Minion de 2015.

Sin embargo, lo que muchos fans admiran especialmente de Namjoon es su lado reflexivo. A menudo se encuentran las palabras «cerebro sexi» en las publicaciones de aquellos fans cuyo favorito es RM. Le interesan las ideas nuevas, la filosofía y la política, y es un lector empedernido. Le gustan los autores japoneses Haruki Murakami y Hitomi Kanehara, escritores como Kafka y Camus, y ha recomendado especialmente la historia de amor *Yo antes de ti*, de la novelista británica Jojo Moyes.

Para muchos fans, parte de su atractivo es que se obsesiona con los detalles y se tomas las cosas muy a pecho. Dolido por las críticas de los comienzos de BTS, se ha disculpado públicamente por asuntos de racismo, sexismo y plagio percibido. Para conceptos posteriores llevó a cabo sus propias investigaciones, como leer la provocadora obra *Breaking Out of the Man Box: The Next Generation of Manhood* o consultando con académicos feministas.

> A Namjoon le interesan las ideas nuevas, la filosofía y la política, y es un lector empedernido.

Esta imagen de RM como gran pensador emerge en su canción «Reflection», incluida en el álbum *Wings*, en la que describe cómo se toma un tiempo libre para ir a la isla Ttukseom, en Seúl, para meditar cuando algo le ronda la cabeza. En una entrevista de enero de 2018, confesó que en el pasado siempre había sobrellevado la ansiedad enfrascándose en la música, pero que ahora ha desarrollado otras «vías de escape», como ir a comprar ropa, coleccionar figuritas y conectar con el mundo real cogiendo cualquier autobús que le lleve a un sitio nuevo.

En 2015, Rap Monster, como se llamaba entonces, compuso un *mixtape* (una especie de álbum no comercial que prefieren los raperos) que hablaba sobre su introspección. El mensaje de Twitter en el que anunciaba su disco *RM* que terminaba con «U do u, I do I», y el tema era la dificultad de descubrir tu propia individualidad. La canción «Do You» habla sobre si se debe nadar con o contra la corriente, mientras que «Awakening» narra su recorrido hasta convertirse en un orgulloso ídolo del rap. *RM* lograría alcanzar un puesto en la lista de la revista *Spin* de los cincuenta mejores discos de hip-hop del año, y la *mixtape* demostró que podía ser las dos cosas, un *idol* y un rapero «de verdad».

Ese estatus se confirmó gracias a las posteriores colaboraciones con Wale y Fall Out Boy, pero son las grabaciones con BTS las que marcan su progreso desde la *mixtape*, ya que la mayoría de las canciones de *Love Yourself: Her* y *Love Yourself: Tear* cuentan con una importante participación de RM, tanto en lo que a la autoría de letras se refiere como en el plano de la producción. Admite que ha crecido mucho desde el primer día en que se unió a Big Hit. Ha dejado atrás la imagen de chico duro, los tupés e incluso su nombre artístico, Rap Monster, pero en su lugar ha aparecido RM, un personaje con talento, reflexivo y con los pies en el suelo, que no está a un millón de kilómetros de distancia del tal Kim Namjoon.

5

American Hustlers

Los programas de variedades de la televisión coreana suponen una exposición fundamental para las bandas de K-pop, ya que son un escaparate por el que el mundo los ve, y el 1 de abril de 2014, BTS tuvo el placer de anunciar que iban a hacer su debut en televisión en el programa *Beatles Code*. En él, hicieron su saludo Bangtan a cámara lenta, J-Hope mostró sus habilidades para el *street-dance* y Jungkook hizo flexiones de brazos con la cantante Park Ji-yoon sentada sobre él. Para ser su primera vez, no les fue nada mal.

Después, el 30 de abril de 2014, ante una gran expectativa, BTS apareció en el programa más importante, visita obligatoria para cualquiera en la industria del K-pop: el longevo y popular programa de variedades *Weekly Idol*, en el que las estrellas son entrevistadas, pero a las que también se les gastan bromas y se les pide que hagan cosas divertidas. Vestidos con vaqueros rotos, camisetas y camisas largas, parecían sentirse más cómodos que nunca. En una prueba de rap, Jin demuestra de una manera muy divertida por qué está en la línea vocal, mientras que V tuvo un éxito rotundo y, en la sección de baile aleatorio, en la que los chicos tenían que recordar sus propios movimientos, el pobre Jimin lo hizo todo mal y los presentadores lo describieron como una «oveja descarriada». ¡Fue desternillante! Por último, la sección «Perfiles Iniciales», en la que los invitados exhiben sus destrezas especiales, se convirtió en el *show* de Jungkook. Bailó versiones a la mitad y al doble de velocidad de «Boy in Luv», y después hizo un baile magnífico de «Something», de Girl's Day. A fecha de hoy sigue siendo un vídeo que todo amante de Kookie debería ver. Para ser unos chicos jóvenes y todavía tímidos, tuvieron un comienzo bastante decente.

Una vez establecido un seguimiento en Corea del Sur, había llegado el momento de que los Bangtan extendieran las alas. A mediados de abril pasaron unos días en China, donde quedaron impresionados al ver a tantos ARMY esperando en el aeropuerto. La voz había corrido muy deprisa, y en *China Job*, un documental sobre el viaje, aparecían acudiendo a los V Chart Awards, donde actuaron vestidos con traje negro y deportivas rojas y recogieron otro premio para artistas nuevos.

A comienzos de verano, la atención se centró en Japón. Bajo el nombre Bōdan Shōnendan (la forma japonesa de Bangtan Sonyeondan), estaban a punto de publicar una versión japonesa de «No More Dream» y, el 31 de mayo, volaron a Tokio para conocer y actuar ante cinco mil de sus ARMY japoneses en el Dome City Hall (donde tuvieron que añadir una sesión vespertina debido a la gran demanda). Era el principio de algo grande allí, y pronto regresarían.

Rusia también recibió a los chicos en junio, cuando la banda se dirigía al festival Bridge to Korea en Moscú. Este evento estaba diseñado para atraer turistas a ambos países y, en él, los chicos hicieron de jueces en un concurso de baile K-pop y actuaron delante del Kremlin para una multitud de más de diez mil personas. Vestidos con chaqueta de punto gris, hicieron un popurrí de éxitos de veinte minutos de duración seguido de una divertida y desentonada versión casi punk del himno no oficial de la canción tradicional coreana «Arirang».

Ya había transcurrido un año desde el debut de BTS, de hecho, se había pasado volando. El 13 de junio de 2014, con motivo del aniversario, celebraron su primer *festa* (término coreano para festival), en el que publicaron colecciones de

55

Una vez establecido un creciente seguimiento en Corea del Sur, había llegado el momento de que los Bangtan extendieran las alas.

fotografías, vídeos de baile y un programa tipo radio de una hora de duración cargado de diversión.

También presentaron una nueva canción conmemorativa, una pista predominantemente rapera llamada «So 4 More» en la que repasan lo bueno y lo malo del año pasado y se preguntan, al clásico estilo de BTS, si los sufrimientos han merecido la pena.

En el verano de 2012, Jungkook había viajado a Los Ángeles para estudiar en la famosa academia de baile Movement Lifestyle, pero ninguno de los demás había pisado jamás Estados Unidos. Lo único que Jungkook podía decirles era que el ambiente era diferente, pero ahora estaban a punto de descubrirlo por ellos mismos: iban de camino a Los Ángeles.

Una vez en el aeropuerto, había llegado el momento de hacer un poco de turismo. Fueron a un partido de béisbol, donde se encontraron con su compatriota Hyun-jin Ryu, *pitcher* de los Dodgers. Después, fueron a la playa y presumieron de sus movimientos de baile en Santa Monica. Como estaba anocheciendo, aparcaron en un aparcamiento y esperaron a su representante, que había ido a hacer un recado hasta que, de repente, aparecen tres hombres con mala pinta. ¡Iban a secuestrarlos!

56

BOMBA BANGTAN
LET'S SPEAK ENGLISH!

Esta es probablemente la bomba Bangtan más famosa. Los chicos están en el avión de camino a Los Ángeles y J-Hope decide que tienen que practicar el inglés. Por supuesto, RM, que habla inglés con fluidez, conversa perfectamente, y J-Hope lo intenta con un inglés algo deficiente, pero los demás no entran en el juego. Expresando su decepción, J-Hope le dice a RM que Jimin no es nada divertido, a lo que RM responde con su icónica frase: «*Jimin, you got no jams!* [Jimin, no tienes gracia]». En coreano, *jaemi* significa «diversión», de modo que RM está inventándose su propio argot inglés. Esa frase forma ya parte de la historia de BTS.

¿Era de verdad? Pues, no, afortunadamente era una broma grabada para el estreno de su *reality American Hustle Life*. ¿Participaban los chicos en la broma? Probablemente, pero Jungkook y J-Hope parecían asustados de verdad cuando los llevaron a lo que parecía un barrio de mala muerte de la ciudad y los obligaron a entrar en una especie de apartamento que parecía un almacén y los mandaron a dormir. A las seis de la mañana, con *jet lag* y adormilados, los despertó el inigualable rapero estadounidense Coolio y su equipo de mentores del rap. Estaban a punto de recibir un curso intensivo sobre la vida del hip-hop estadounidense.

A lo largo de los ocho episodios de *American Hustle Life*, los chicos se enfrentan a retos, pero no son ninguna tontería, es algo muy intenso, y Coolio y los suyos se toman la idea del campamento hip-hop muy en serio. El pobre V lo descubre bastante pronto, cuando intenta relajar el ambiente diciendo de broma: «¡Que empiece la fiesta!». Lo castigan con veinticinco flexiones. «Conmigo no bromees —le espeta Coolio—. De no ser por el hip-hop estaría muerto o en la cárcel.» A día de hoy, algunos ARMY todavía están resentidos con el modo en que la veterana estrella del rap le habló a V. «Avisadme cuando se marche», dice Coolio con frialdad en un momento dado, y Suga y Jin tienen un encontronazo tan grande con su mentor Dante que después del episodio dos este ya no vuelve a aparecer.

Mientras aceptan tareas como presentar programas de cocina, llamar a casa de desconocidos para actuar para ellos y buscar a chicas a las que pedirles que bailen en su videoclip, los chicos a veces parecen confundidos, incómodos y vulnerables. Sin embargo, su determinación por complacer a los mentores y el modo en que se ayudan los unos a los otros son maravillosos, y, por supuesto, el programa saca a relucir todo su encanto y su talento. En la batalla de baile, J-Hope demuestra que, a pesar de la complejidad de la coreografía de BTS, todavía se

57

guarda algunos movimientos en la manga; cuando no está cautivando a las *noonas* (mujeres mayores) en el mercado, la voz de V deja boquiabierta a la profesora de canto, Iris; y Suga brilla con luz propia al escribir unas letras nuevas magníficas para «Regulate» de Warren G.

Ver cómo ponen a prueba a los miembros del grupo nos ofrece una imagen bastante clara de BTS en esta fase de su carrera. Definitivamente aprenden algunas lecciones, especialmente en lo que a tratar con la gente se refiere. Tienen que enfrentarse a gente corriente y realizar trabajos mundanos, a veces para jefes perversos (la imagen de Jimin y RM limpiando el baño vale oro) e incluso tienen que hablar con chicas. Como comentaba el mentor Tony en el sitio web MoonROK: «Sé que la cultura del entretenimiento coreana es muy estricta en lo que a las relaciones se refiere, de modo que cuando los pusimos delante de las chicas se mostraron muy tímidos. No sabían qué hacer».

Los chicos se sentían identificados con el vínculo que el gran Warren G (quien aparece con una limusina para darles un recorrido por Long Beach, su ciudad natal) mantenía con sus fans, especialmente ahora que había llegado el momento de que BTS conociera a su público estadounidense. A primera hora de la mañana del 13 de julio de 2014, anunciaron en Twitter que al día siguiente darían un concierto de demostración en el club de rock Troubadour, en la zona oeste de Hollywood, en el que demostrarían lo que habían aprendido en Estados Unidos. La entrada era gratuita, pero el aforo se limitaba a doscientas personas. La cola daba la vuelta a la manzana. Tal y como habían prometido, cantaron sus sencillos junto con las versiones de «Regulate» y, bajo la orgullosa mirada de su profesora de canto, que os observaba desde el palco, Iris (la instructora del coro en la película *Sister Act 2: De vuelta al convento*), el clásico góspel «Oh Happy Day!».

En Norteamérica hay una gran población coreano-es-

> Ver cómo ponen a prueba a los miembros del grupo nos ofrece una imagen bastante clara de BTS en esta fase de su carrera.

tadounidense y el K-pop está firmemente consolidado allí, pero además los grupos se promocionan asiduamente en Asia del Este. Las empresas de este tipo proporcionan a grupos nuevos como BTS una plataforma sobre la que desarrollar su proyecto. En cambio, Europa, donde el K-pop está menos extendido, supondría una serie de obstáculos que superar. En 2014, BTS viajó a Europa en un primer intento de triunfar allí y celebró conciertos y encuentros de fans en Berlín y Estocolmo. A estos eventos, en los que los chicos interpretaron sus éxitos de la trilogía *Skool*, acudió una multitud pequeña pero fanática. Su presencia en Internet y su éxito en otros lugares del mundo estaban dando a BTS el reconocimiento que merecían en todos los rincones del planeta.

En agosto, viajaron por primera vez a Brasil, un país donde encontrarían a algunos de sus seguidores acérrimos. En un breve espacio de tiempo aprendieron mucho sobre el país, ¡incluido que no deben bajarse del avión en pantalón corto y camiseta si es invierno! En el club Via Marquês, se presentaron en portugués y hablaron sobre sus impresiones de Brasil. Jin dijo que ya podía sentir que era «el país de las pasiones», y Suga señaló que le habían dicho que en Brasil había muchas tías buenas y que, a juzgar por el público, podía verlo con sus propios ojos. Fueran adonde fueran, estaban haciendo amigos y ganándose fans de por vida.

BTS todavía no había terminado con Los Ángeles aquel verano. En otra gran oportunidad para este grupo ya no tan novato, los contrataron para tocar en el KCON 2014. Durante un fin de semana entero, el KCON, que se creó en 2012, exhibe teatro coreano, K-pop, moda y comida coreana. Este era el momento de demostrar a Estados Unidos de qué pasta estaban hechos, y no decepcionaron. Su aparición en la alfombra roja gustó a todo el mundo; su sesión de firma y contacto tuvo mucho éxito; y los fans esperaron durante horas bajo un calor sofocante para ver su intervención especial en *Danny From L.A.*, un programa de K-pop de la televisión estadounidense.

Sin embargo, el momento cumbre fueron los conciertos de la tarde, ya que, pronto, todos los que acudieron al KCON 2014 se dieron cuenta, gracias a las camisetas y los carteles de los fans, de que puede que BTS no fuesen cabeza de cartel (lo fueron G-Dragon y Girls' Generation), pero eran una atracción importante. La multitud, gran parte de la cual parecía conocer ya los estribillos y los nombres de los miembros del grupo, se hacía oír y mostraba un gran entusiasmo. El concierto cautivó también a aquellos que no conocían a BTS y un corresponsal del *LA Times* comentó: «Ha sido el grupo que mayor sensación ha causado de todos los debuts de Estados Unidos. No será la última vez que toquen frente a una multitud apasionada por aquí».

Había sido un verano intenso de grabaciones y giras, y solo habían llegado a la mitad.

BOMBA BANGTAN
(EYES, NOSE, LIPS) OF BTS

La canción de estilo R&B de Taeyang «Eyes, Nose, Lips» que trata sobre recordar a una ex fue la canción del verano 2014 en Corea y más allá. En este divertidísimo vídeo, los Bangtan Boys comparten su propia interpretación de la canción. Mira cómo hacen como que cantan, sobreactúan, hacen el tonto e incluso corean la canción. Todos tienen su turno, incluso RM, que en un principio se da la vuelta para huir de la cámara, y V, que al final supera su timidez.

Allá adonde iban (Seúl, Estados Unidos, Europa, Brasil) componían y grababan material nuevo, y bailaban hasta la extenuación. Mira el vídeo de «24/7 = Heaven» para verlos trabajando sin parar en salas de ensayo por todo el mundo. Y, durante su estancia en Los Ángeles, aparte de *American Hustle Life*, estuvieron grabando canciones en un estudio instalado en el garaje del apartamento de Si-hyuk. El resultado fue su primer álbum de larga duración.

El tráiler de regreso de *Dark & Wild* se publicó el 5 de agosto de 2014. En él se escuchaba «What Am I To You», de RM, una canción frenética sobre una relación frustrada e insegura. Unos días después, como prelanzamiento, publicaron un fragmento de «Let Me Know», otra canción conmovedora y desesperada, en su sitio web. Suga, coautor de la canción, había prometido a los fans que les iba a encantar la canción por su melodía tipo trance, y no se equivocaba. Los ARMY contuvieron el aliento esperando con ansia la canción entera.

Las fotos promocionales de *Dark & Wild* mostraban una imagen más madura, que encajaba con el tono más adulto de las canciones nuevas. La imagen de chicos malos seguía ahí, y habían vuelto al negro, pero con estilosas chaquetas de piel y pantalones con camiseta blanca. Volvían a llevar cadenas de oro y anillos, pero también de una manera más sutil, y los chicos tenían un aire serio y pensativo al mirar a la cámara o lejos de esta, a pesar del hecho de que el pelo de Suga y de J-Hope era de un rojo intenso y el de Jin, de un tono morado (que resultó causar sensación entre sus fans).

El videoclip de «Danger», la canción principal del disco, salió el 19 de agosto de 2014. Los chicos vestían chaqueta vaquera y pantalones rotos, pero la impresión general que daban seguía siendo oscura. Esta vez no había ningún hilo argumental, solo una atmósfera inquietante. Los escenarios son deprimentes (un túnel de metro en desuso y un almacén abandonado, parcialmente inundado y repleto de carritos de la compra en llamas), y los miembros interpretan a personajes heridos por el amor. Intentan distraerse: RM escribe, Suga juega al baloncesto, J-Hope baila... pero no sirve de nada. Cuando sus frustraciones se desbordan, Jimin carga contra un saco de boxeo, Jin juega con el fuego y Jungkook destroza un piano, mientras que RM se inserta una aguja de tatuar en el brazo y V se dispone a cortarse el pelo.

BOMBA BANGTAN
RUNWAY IN THE NIGHT
¿Qué haces cuando te has arreglado y no tienes adónde ir? ¿Qué tal si conviertes un pasillo en tu propia pasarela de modelos? Esa es la respuesta de BTS mientras esperan vestidos con los conjuntos tan elegantes que llevan en «Danger». A partir de ahí, la cosa va de quién es capaz de hacer más el tonto. J-Hope siempre es una buena apuesta. Los movimientos de Jin lo convierten en un buen candidato y V es... bueno, V.

En el vídeo de YouTube del *making of* del videoclip se muestra que se lo pasaron muy bien reflejando la cara oscura de la juventud. Sin embargo, Jimin admite que le daba vergüenza lo del boxeo. RM señala que las deportivas todavía no se han secado de bailar en el agua y V anuncia que, a pesar de que llevaba una peluca, de alguna manera acabó cortándose su pelo de verdad. Jungkook también comenta más adelante que se abrió el dedo índice destrozando el piano, de modo que no podía usar el sistema de reconocimiento de huellas para entrar en la residencia y, durante semanas, tuvo que esperar a que otra persona le abriera.

El aspecto más impresionante del vídeo es, cómo no, la coreografía. Tiene el carácter hip-hop habitual, pero pulido, y se han incorporado movimientos de break dance para crear un estilo de BTS diferente. Como siempre, están perfectamente sincronizados, pero observa cómo presentan la parte de «hipertensión» del baile pasándose la mano por el cuello y encogiendo el hombro y cómo transforman el varonil gesto de cruzarse de brazos o de agacharse en algo más emocional y expresivo. Puede que fuese aquí donde se terminó de desarrollar la manera de bailar de BTS.

El CD venía en una caja brillante negra con algunas marcas de arañazos y una advertencia en inglés de aspecto oficial sobre los efectos del amor. La caja contenía una tarjeta con una foto individual aleatoria muy coleccionable y otra con una foto del grupo y un fotolibro con las letras (escritas a mano con garabatos y palabras subrayadas), así como un par de postales, una de los monstruitos que representan a los chicos de BTS, los Hip-Hop Monsters, y la otra de los personajes de un webcómic de BTS que estaba a punto de salir.

Puede que fuese aquí donde se terminó de desarrollar la manera de bailar de BTS.

En la presentación del álbum, Suga comentó que los sencillos y los miniálbumes anteriores habían sido de preparación para aquel primer disco completo, y que debería escucharse de principio a fin, con el interludio que servía de puente del cambio de tono de la frustración a la liberación. Los BTS estaban creciendo, ya no hablaban del colegio, sino que se centraban en el estrés emocional de los jóvenes.

De modo que, tras el rap de apertura de RM, «What Am I To You», «Danger», la canción principal de *Dark & Wild*, se centra directamente en el daño emocional causado por un amor no correspondido. El grupo ha evolucionado a nivel lírico y ha pasado del «por favor, sal conmigo» a canciones que hablan de que el amor puede doler mucho cuando no sale bien, y la música también ha madurado. La línea vocal tiene más espacio para explorar sus armonías, el acompañamiento incorpora un sonido de guitarra que destaca por encima de la percusión, y el rap parece más relajado y menos estilizado.

63

Los BTS estaban creciendo.

A pesar de ser una pista pop y pegadiza, en «War of Hormone», BTS flirtea de nuevo con la controversia en torno a su sinceridad al hablar de los efectos de las hormonas en los jóvenes varones. Admiten que están locos por las chicas y, aunque recibieron algo de mala prensa por su actitud hacia las mujeres y por mancillar la impecable imagen del K-pop, esta canción es un claro himno para las chicas, y está claro que hablan de manera irónica (¡J-Hope tiene incluso una frase que habla de reventarse un grano!).

En «Hip-Hop Lover» descubrimos que BTS ha aprendido mucho en la escuela de verano, ya que, con un aire mucho más yanqui que antes, cita a sus héroes del rap y nos hace un recorrido por su formación hip-hopera. A continuación viene el sencillo promocional de Suga, «Let Me Know», seguida de «Rain», una pieza a menudo infravalorada, melancólica, con notas de jazz y que incluye un fabuloso cameo de J-Hope. La mitad oscura del álbum cierra con «Cypher Pt. 3: Killer», en la que participa Supreme Boi, otra sesión de rap por turnos que, una vez más, parece más pulido y menos desiderativo que los *cyphers* anteriores.

Tras un breve interludio inspirado en la música disco de los setenta que nunca acaba de marcharse, entramos en el lado salvaje. Son un grupo que está construyendo su base de fans a través de las redes sociales, y aun así tienen el descaro de preguntar: «¿Quieres apagar el móvil?». ¿Parecen tus padres? No, pero el mensaje de «la conexión personal se pierde si vivimos la vida a través del teléfono» es evidente.

64 «Blanket Kick» es una canción sobre vergüenza y frustración; una dulce confesión de haber pataleado en la cama al recordar lo raro que has actuado para impresionar a alguien o el hecho de haber dejado escapar una oportunidad única en la vida. Ahora, relájate. Llega el turno de «24/7 = Heaven», y están enamorados de nuevo. Al son de los ritmos alegres más pop, una distribución equilibrada de las frases permite que cada uno de ellos disfrute del romance.

Publicar un disco completo significaba que BTS podía traspasar un poco sus fronteras, de modo que la siguiente canción, «Look Here», suena exactamente como un grupo que se ha pasado el verano en Estados Unidos, disfrutando de Los Ángeles, escuchando «Come Get It Bae» de Pharrell Williams. Es una canción ligera y relajada, con base de percusión, y, por supuesto, BTS suenan como si hubiesen estado haciendo pop estadounidense toda la vida.

Tras la penúltima pista, «2nd Grade», una canción festiva y divertida con un magnífico «*bang it, bang it*» por estribillo, el disco cierra con «Outro: Does That Make Sense?». Con esta pista, el álbum forma un círculo completo al retomar el tema de que el amor se ha enfriado. Como en los álbumes anteriores, la línea vocal es la responsable de poner el punto final y, desde el delicioso «*listen* [escucha]» de Jungkook, las voces son pausadas y suaves como la seda.

En las promociones en los programas de televisión, a las actuaciones del grupo se les reservó más tiempo de emisión y los ARMY subieron de marcha gritando consignas que los telespectadores podían oír claramente. Sin embargo, la victoria que tanto ansiaban seguía eludiéndolos y, como siempre, prometieron esforzarse todavía más.

JIN

FICHA TÉCNICA

Nombre: Kim Seokjin

Apodos: Jin, Worldwide Handsome [Guapo internacional], Visual King [Dios visual], Third One From The Left [El tercero por la izquierda], Car Door Guy [El chico de la puerta del coche], Flying Kiss Guy [El chico de los besos al aire], Granny [Abuela]

Fecha de nacimiento: 4 de diciembre de 1992

Lugar de nacimiento: Angyang, provincia de Gyeonggi, Corea del Sur

Altura: 1,79 metros

Educación: Instituto Bosung, Universidad de Konkuk, Global Cyber University

Horóscopo chino: Mono

Signo zodiacal: Sagitario

6

Kim Seokjin/Jin: el guapo internacional

*T*ras la presencia del grupo en la alfombra magenta en los Billboard Music Awards (BBMAs) en 2017, el *hashtag* #ThirdOneFromTheLeft de repente se volvió viral. Ni siquiera era la primera vez que Jin había causado revuelo en las redes sociales. Tras su aparición en los Melon Awards de 2015 fue #CarDoorGuy lo que encendió Twitter. ¿Y qué estaba haciendo para atraer tanta atención? Absolutamente nada. A menos que ser arrebatadoramente guapo cuente. «Creo que soy un guapo internacional», explicó Jin. No fue precisamente una frase muy modesta, pero nadie se lo discutió.

Fue su apariencia (hombros anchos y un rostro pequeño, lo que los cirujanos denominarían unos rasgos simétricos de «proporciones áureas») lo que lo trajo originalmente a BTS. SM, una de las Tres Grandes empresas de entretenimiento, lo había seleccionado en un castin callejero, pero él no hizo caso cuando lo invitaron a otro (algunos dicen que salió huyendo de los cazatalentos) porque creía que era una broma. Cuando Big Hit lo invitó, apareció, hizo unas pruebas como actor y acabó siendo el primer miembro no rapero en unirse al grupo.

Kim Seokjin creció en Gwacheon, al sur de Seúl. Su familia estaba muy unida, y describe su infancia como idílica. Viajaban a Japón, Australia o Europa, y su padre le enseñó a jugar al golf y se lo llevaba a resorts de esquí, donde Jin descubrió que tenía aptitudes para el *snowboard*. Tenía una relación afectuosa aunque competitiva con su hermano, que era solo dos años mayor, y de hecho todavía sigue muy unido a toda su familia, especialmente a su madre. Para el Día de los Padres de 2015 grabó una emotiva versión de la canción «Mom» de Ra.D, y añadió una dulce dedicatoria para ella.

En el concierto Beautiful Moments de Seúl, su madre estaba entre el público y, con los ojos llenos de lágrimas, Jin explicó que su madre solía escuchar a sus amigas presumir de sus hijos sin decir ni una palabra, de modo que él deseaba con todas sus fuerzas hacer que su madre se sintiese orgullosa, y ahora, gracias a los ARMY, podía. Hoy sigue igual de unido a ella. Es más, ¡los otros miembros del grupo señalan que es capaz de pasarse más de una hora hablando con ella por teléfono!

Los centros de secundaria y bachillerato de Jin eran solo para chicos, y admite que le cuesta mirar a las chicas a los ojos y que tiene que hacer un esfuerzo para no parecer incómodo delante de las ARMY, pero en ellos hizo muchos amigos. Con algunos de ellos todavía sigue en contacto a pesar de su ajetreada agenda. Le gustaba el colegio, se esforzaba mucho, practicaba todos los deportes posibles y quería convertirse en reportero para algún periódico.

68

Eso cambió en 2009, cuando vio el drama histórico *La reina Seondeok*, la serie de televisión más famosa de Corea. Como gran parte de la nación, el joven Seokjin se quedó cautivado, especialmente por la conmovedora actuación del actor Kim Nam-gil. Esta producción inspiró tanto al joven estudiante que decidió matricularse en la Universidad de Konkuk para estudiar Interpretación en el Departamento de Cine y Artes Visuales. Llevaba apenas tres meses matriculado cuando recibió la llamada de Big Hit en abril de 2011.

Deseaba con todas sus fuerzas hacer que su madre se sintiese orgullosa.

Para un joven que había puesto todo su empeño en actuar, la vida de aprendiz debió de ser un auténtico *shock*. Por suerte, Seokjin era una persona de trato fácil, y eso ayudó. Cuando Bang Si-hyuk le pidió que escogiese un nombre monosilábico porque era más intenso, sencillamente acortó el suyo a Jin. Pasó de ser un aspirante a actor para convertirse en aprendiz de cantante y bailarín sin protestar, y dijo que siempre podía hacerse actor más adelante. Y pronto se acostumbró a ser el mayor de un grupo que ya sabía bailar, cantar o rapear. Así era Jin, don Todo Bien.

Pero no fue fácil. En los meses anteriores al debut tuvo que someterse a una dieta estricta, ya que le costaba seguir las coreografías, aunque siempre se mostró agradecido a los demás miembros del grupo y al personal de Big Hit, que invirtieron tiempo en ayudarle con el canto y los movimientos de baile. Mientras, sin embargo, había encontrado su papel en la residencia. Pronto resultó evidente que Jin era el que limpiaba y ordenaba, guardaba la compra y tiraba la comida pasada a la basura. También estaba claro que le encantaba cocinar y crear platos para hacer algo más divertida su dieta, que era un poco aburrida. De modo que no es de extrañar que sus compañeros de banda, más jóvenes, acabaran apodándolo «Abuelita».

Al principio, la timidez de Jin podía hacerlo parecer algo alejado de algunos de los miembros de BTS, pero cuando él y Jungkook compartieron clases de canto pronto crearon un vínculo. Jimin se convirtió en su compañero de gimnasio, y su pasión por la animación lo acercó a V. Suga nunca tuvo ninguna duda: compartía habitación con Jin y aseguraba que jamás querría cambiar de compañero de cuarto. En el grupo, Jin se encontraba en una posición extraña para él: era el mayor de su nueva «familia», después de haberse pasado toda la vida siendo el *maknae*, pero, una vez más, aquello no parecía preocuparle. Era reservado y serio con RM, J-Hope y Suga, y alegre y juguetón con los miembros más jóvenes, ganándose la etiqueta de «falso *maknae*».

En la residencia, Jin sigue adoptando el rol «parental». Se levanta dos horas antes que el resto de sus compañeros y se asegura de que todos se despierten y estén listos para empezar a trabajar a su hora (¡cosa que no siempre es fácil!). Y, aunque ahora tienen a una persona como empleada doméstica, le sigue gustando cocinar para los demás. Mientras, continúa añadiendo piezas a su colección de figuras de Super Mario (muchas han sido regalos de los fans) y cuida de sus mascotas, Odeng y Eomuk. Según consta, adquirió a estos adorables petauros

Le sigue gustando cocinar para los demás [...] y cuida de sus mascotas, Odeng y Eomuk.

del azúcar (un tipo de zarigüella pequeña) tras toparse con ellas en Internet mientras buscaba «Suga».

Como todos los miembros de BTS, Jin tiene muchos amigos en otros grupos de ídolos. Está muy unido a Ken, de VIXX, y ambos forman parte de un grupo de chat de la generación del 92 junto con Youngjae, de B.A.P.; a Eunkwang, de BTOB; a Sanduel y a Baro, de B1A4; a Hani, de EXID; y a Moonbyul, de Mamamoo, quien dice que son siempre Jin y Sandeul los que hacen que la sala de chat sea interesante.

Hacia marzo de 2013, la voz de Jin había progresado lo suficiente como para que participase con RM y Suga en la grabación de «Adult Child», una de las primeras canciones previas al debut de BTS, en la que canta un interludio sencillo pero muy bien interpretado. Todo iba bastante bien para el, al parecer, imperturbable Jin, pero el debut le jugó una mala pasada al miembro de mayor edad. En las entrevistas que le han hecho al respecto ha contado que nunca había llevado una petaca de micro antes del concurso *M Countdown*, y que se subió al escenario con esta enganchada en los pantalones. Sin embargo, no había contado con el peso de la petaca. Durante «We Are Bulletproof Pt. 2», en la parte en la que saltan, se le cayeron los pantalones hasta los muslos. Se los subió de inmediato, pero se cayeron durante un segundo. Ahora se ríe de ello, pero en el momento no había consuelo para el pobre chico.

Jin tenía algunas preocupaciones sobre su manera de bailar antes del debut de BTS, pero las críticas que recibió después (algunos lo llamaron «el agujero negro del baile») le afectaron mucho. Se ha esforzado mucho para mejorar en este aspecto, pero sigue siendo muy modesto respecto a sus habilidades en la pista de baile. En 2017, dijo en un programa de televisión: «Creo que se me da fatal bailar», y añadió: «Pero ¡Rap Monster es completamente incapaz!».

Desde aquel debut Seokjin ha desarrollado diversos talentos. Es imposible mantener una conversación con el chico de Gwacheon sin que haga algún chiste *ahjae* (literalmente, «chiste del tío», aunque en España se conoce mejor como «chiste malo»), a menudo más bien terrible. Se trata de

«Creo que se me da fatal bailar [...] Pero ¡Rap Monster es completamente incapaz!»

juegos de palabras coreanos o chistes que mezclan el inglés con el coreano, como: «*What does the dog say when it sees a wall?* [¿Cómo hace el perro cuando ve una pared?]», y la respuesta es: «*Wol-wol*», que es la grafía coreana del sonido que hace un perro*. No es de extrañar pues que los demás miembros de BTS se muestran divertidos o muertos de vergüenza ajena con tanta frecuencia. Quizá su destreza con los dedos de los pies resulte de más utilidad. En varios *realities* ha demostrado su capacidad para abrir bolsas de dulces o para quitarse los calcetines sin usar las manos. ¿Y cómo olvidar su característico «baile del agente de tráfico»? Consiste en una especie de hilarante marcha agitando los brazos que les ha enseñado a sus compañeros de grupo.

En realidad, los *realities* han demostrado que Jin es un chico divertido y con recursos. En enero de 2017, apareció en el concurso de supervivencia *La ley de la jungla*, en la que se envía a gente famosa a sobrevivir en lugares remotos de todo el mundo. Su destino, junto con otras estrellas del K-pop y actores del K-drama, fue la Indonesia rural. A pesar de abandonar el concurso pronto para irse de gira con BTS, Jin estuvo fantástico. Se hizo querer por las demás estrellas, creó remos de madera con una sierra de mano, pescó peces usando una bomba ARMY (la linterna con forma de bola que usan en los conciertos) como carrete y los cocinó para su familia en la jungla, además de que consiguió agua para su equipo gracias a su acrobático salto al agua con triple giro.

El sentido del humor y la energía de Jin gustarían también en otros programas como *Hello Counsellor* y *Please Take Care of My Refrigerator*, donde admitió que la nevera de la residencia estaba llena, sobre todo, de cosméticos y que los miembros del grupo sacaban la comida para hacerles hueco, y en *Let's Eat Dinner Together*, donde entretuvo al equipo con su humor *ahjae* y logró encontrar a una familia de Gangnam dispuesta a compartir una cena con él.

¡Ay, la comida! Jin adora la comida. Le encanta cocinar, comer y hablar sobre comida. Mostró por primera vez su interés

71

---

* Nótese que la palabra inglesa «*wall*» se pronuncia «wol».

por ella en los primeros blogs de los Bangtan, cuando publica-
ba «Las recetas de Jin» para demostrar lo aburrida que podía
llegar a ser la dieta para el debut. Esto evolucionó a «El diario
de cocina de Jin», donde detallaba platos más interesantes y,
finalmente, su serie de V-Live *Eat Jin*. Su versión de *mukbang*,
los famosos vídeos en los que el protagonista comenta lo que
está comiendo, son muy divertidos, especialmente el episodio
en el que intenta comerse un *jjajangmyeon* (un plato de tallarines con salsa muy popular entre los niños coreanos) entero
en un minuto. Una fan incluso decidió obtener una opinión
profesional sobre las artes culinarias de Jin. En 2017, envió un
tuit con una foto de sus tallarines y un huevo frito a Gordon
Ramsay, preguntando al famoso chef británico si Jin tenía alguna posibilidad de ganar en su programa *Hell's Kitchen*. El
cocinero, famoso por su mal carácter, respondió: «¡Huevos so-
brecocinados con gusanos! No, gracias». En fin, ¡al menos no
dijo ninguna palabrota!

El amor de Jin por los ARMY también es impresionante. Nunca deja de agradecerles su apoyo y ha desarrollado su
propio vínculo con ellos. Fueron los ARMY japoneses los primeros en llamarlo «el chico de los besos al aire» al percatarse
de su costumbre de lanzar besos con las manos a los fans. Lo
cierto es que ha llegado a convertir esto en una forma de arte,
y es capaz de enviar los besos más elegantes directos al corazón de todo aquel ARMY que esté mirando.

Porque Jin es un auténtico rey de corazones. Empezó formando corazones con los dedos para sus fans y dibujándose
un corazón en la mano junto a la palabra «ARMY», pero esto
pronto se convirtió en su aportación especial al concierto en
directo. En Hong Kong se metió la mano por debajo de la camisa y se sacó una percha con forma de corazón, en Anaheim
mostró un corazón blanco que tenía pegado a la camiseta sobre
el suyo propio y en Sídney se apartó las mangas para mostrar
sus pulseras de felpa de corazones. Se dedicaba a hacer corazones desplegables gigantes, una larga guirnalda de corazones o
lucía sus gafas adornadas con corazones. Los demás miembros
disfrutan estas sorpresas tanto como los fans, especialmente
Jungkook, quien, de gira en Osaka, Japón, registró a Jin en

vano en busca de un corazón, y casi se muere de risa cuando el miembro mayor del grupo sacó uno del micrófono.

Aunque a algunos ARMY les preocupa el hecho de que Jin no tenga suficientes frases en las canciones o que le dediquen el suficiente tiempo en pantalla, el propio Jin parece bastante satisfecho con el lugar que ocupa en BTS. El álbum *Wings* incluía «Awake», la primera canción que compuso con Pdogg y de la que se sentía comprensiblemente orgulloso.

BOMBA BANGTAN
BTS WITH SPECIAL MC JIN @2017 KBS

En diciembre de 2017, Jin fue seleccionado como uno de los maestros de ceremonias para el Festival Gayo de la KBS, un gran espectáculo de televisión de música pop que se celebra a finales de año en el que actúan los ídolos más importantes. Alégrate la vista viendo cómo don Guapo Internacional se prepara, muy en serio, para su papel y cómo el resto del grupo lo apoya mientras lo ven a través de la televisión que tienen instalada en el vestuario.

73

Dice que se esforzó mucho para componer las letras y que insistió mucho para que se usara su estribillo. Incluso se echó a llorar cuando los ARMY corearon la canción con él durante una actuación en directo. Sin embargo, no espera convertirse al instante en un autor de BTS importante. Dice que si se incluyen sus canciones, genial, pero si no, seguirá esforzándose y ya surgirán nuevas oportunidades. Así es Jin: siempre se lo toma todo con admirable filosofía. Tal vez sea fácil ver las cosas con perspectiva cuando se es un guapo internacional.

7

Red bullets

*L*a ciudad está en crisis. Unos monstruos alienígenas gigantes atacan la Tierra y estamos indefensos. Nuestra única esperanza reside en un equipo de superhéroes. Con sus poderes especiales, puede que sean capaces de enfrentarse a los invasores mutantes. Son valientes, abnegados, increíblemente guapos y se parecen bastante a alguien. ¿Será BTS al rescate?

We On: Be the Shield fue un *webtoon* oficial de gran éxito, promocionado por Big Hit. Es un cómic de estilo manga que cuenta la historia de un equipo de superhéroes que quieren salvar el mundo. Como si fuera *Los Vengadores* de Marvel, excepto que en este equipo están: RM, el científico genio; Jin, un arquero con muy buena puntería; Suga, un guerrero cuyas extremidades se transforman en espadas; J-Hope, el observador alado; Jimin, que puede utilizar el poder de la naturaleza; Jungkook, cuyo cuerpo se convierte en una armadura para proteger al equipo; y V, el invocador de la oscuridad, de las sombras y de agujeros negros letales.

El argumento está muy cuidado y es una lectura recomendable para aquellas personas a quienes les guste la ciencia ficción mezclada con sus grupos favoritos de K-pop. Se publicó en septiembre de 2014 y es una prueba más de que BTS se estaba volviendo cada vez más famoso. *Dark & Wild* ha llegado recientemente al puesto número tres de los *Billboard World Albums Chart* y al número dos en Corea; «Danger» ha alcanzado el número siete de los *Billboard World Digital Songs Chart* y en octubre tocaron frente a más cinco mil fans en Seúl. Explicaron que BTS quería representar la energía de la juventud que destruirá los obstáculos y los prejuicios en el mundo, así que llamaron al evento The Red Bullet. Fue el primer concierto en el que actuaron ellos solos.

Las entradas para los dos conciertos en la sala de conciertos AX se agotaron en cinco minutos, por lo que añadieron una noche más de concierto. Para BTS, encabezar su propio espectáculo fue muy importante. «Hasta ahora —dijeron a la prensa—, nos hemos mantenido en el género del hip-hop y hemos promovido un concepto que nos diferenciaba de otros grupos de *idols*, así que estamos preparando un concierto muy especial.» Y tanto que lo fue.

Cada noche, desde el 17 al 19 de octubre de 2014, reproducían un vídeo introductorio ambientado en una clase, seguido de 150 minutos de magia Bangtan. Cantaron, bailaron y bromearon durante las veinticuatro canciones, incluidas, por supuesto, éxitos como «Boy in Luv», «Danger» y «Just One Day», pero también otras favoritas como «Let Me Know», «If I Ruled the World» y «Blanket Kick», con su cama y su sofá en el escenario para dar un poco más de *aegyo* y ternura. Los raperos, con la aparición especial de Supreme Boi, se juntaron para «Cypher Pt. 3: Killer», mientras las voces principales cantaban «Outro» con un segundo verso de Jin. A la vez que los fans alzaban carteles que dicen, en coreano, «Sigamos juntos por el mismo camino para siempre», con energía arrolladora hicieron bises de «Jump» y «Rise of Bangtan», para terminar con el rap «Paldogangsan» en *satoori*.

El público estaba extasiado y cantó con ellos todas las canciones. Cuando reflexionaron sobre lo ocurrido en sus *vlogs*, parecían sorprendidos y un poco abrumados por todo. Todos admitieron que fue increíble, pero que pasó como si fuera un sueño. RM comentó en el programa de noticias *Starcast* que «nuestra coreografía es tan extrema que daba un poco de miedo y nos asaltó la duda de si podríamos poder hacerla, pero después del concierto me sentí mejor, como si hubiera hecho puenting».

El público estaba extasiado y cantó con ellos todas las canciones.

ADRIAN BESLEY

Por otra parte, V escogió «War of Hormone» como el momento más memorable, ya que según él «con otras canciones estamos llenos de tensión, pero cuando cantamos esta canción todo el mundo está feliz».

Poco después de los conciertos, el 23 de octubre, BTS lanzó «War of Hormone» como sencillo, acompañado del videoclip más divertido que habían hecho. Una impresionante toma única en blanco y negro, con algunos toques de rojo que aparecieron después en los pantalones de Jimin y en las rayas de la sudadera de Jungkook, que tenía energía, risas y una coreografía muy atrevida.

> **BOMBA BANGTAN**
> **«WAR OF HORMONE» IN HALLOWEEN**
> Cuando te hayas cansado de ver el vídeo de «War of Hormone» (aunque, a juzgar por la reacción de ARMY, puede que no sea pronto) mira esta bomba Bangtan especial. En una sala de ensayo decorada con telarañas, BTS realiza la coreografía... disfrazados. RM es un vampiro, Suga es Chucky blandiendo un cuchillo, Jimin se ha vestido de Charles Chaplin, Jin va como el capitán Jack Sparrow, V es el Joker, J-Hope es un preso del libro *Papillon* y, látigo en mano, Jungkook es un personaje del anime *King of Terrors*. ¿Terrorífico? No mucho. ¿Divertido? ¡Del todo!

La gira BTS Live Trilogy Episode II: The Red Bullet, por retomar el nombre completo, marcó otra primera vez en Japón: un concierto enteramente en otro idioma. Sin embargo, ellos ya tenían fans allí, ya que habían aparecido en diferentes programas de televisión y habían lanzado sencillos en japonés como «No More Dream», «Boy in Luv» y «Danger», que habían llegado a los diez mejores del país, por lo que se sentían como si estuvieran entre amigos. Teniendo en cuenta que el público nipón suele ser reservado, los conciertos del 13 y 14 de noviembre en Kobe y el del 16 de noviembre en

Tokio fueron recibidos con gran entusiasmo; de hecho, los fans se sabían todas las letras, por lo que cantaron con ellos.

Los chicos volvieron a Seúl a tiempo no solo para el cumpleaños de Jin, que era el 4 de diciembre, sino que también para los Mnet Asian Music Awards, los premios más prestigiosos del calendario de la industria del entretenimiento en Corea. Como llevaban solo dos años como grupo, era muy poco probable que se llevaran un premio, pero sí que actuaron. Solo eso ya era un logro. J-Hope comentó posteriormente a *Starcast*: «Para mí, la actuación en los MAMA es el [evento del año] más memorable. Cuando actué en los MAMA, sentí que había crecido… Estaba tan feliz y nervioso».

BTS cantaron «Boy in Luv» durante el espectáculo y volvieron a salir para pavonearse, lo que hizo que tanto Twitter como los fórums ardieran. Esta parte la acuñaron como «La batalla del siglo», donde enfrentaron a BTS con Block B, otro grupo exitoso de siete chicos y de estilo hip-hop. Los enfrentamientos fueron una batalla de baile, un duelo de rap, una actuación grupal y otra conjunta; los Bangtan Boys hicieron que los ARMY se sintieran orgullosos. RM, con traje blanco y camiseta rosa, se enfrentó cara a cara con Zico de Block B; BTS puso toda la carne en el asador con «Danger» y los dos grupos conjuntamente cantaron «Let's Get It Started» de Black Eyed Peas.

Sin embargo, de lo que más hablaron los fans fue de la batalla de baile. Primero, J-Hope, quien se adueñó del escenario como si estuviera poseído, realizó movimientos impresionantes, demostrando una vez más que pocos podían igualarlo en la pista de baile. Después, Jimin saltó al escenario arrancándose la sudadera y la camiseta. El gesto no fue muy elegante y más adelante se arrepintió, ya que en el ensayo había salido mucho mejor, pero como siguió bailando sin camiseta, ¡muy pocos se quejaron! ¿Quién ganó? En una encuesta que se hizo en las semanas siguientes, BTS se llevó el 90,1 por ciento de los votos. Fue una gran victoria tanto para BTS como para ARMY: una combinación que volvería a salir una y otra vez…

77

BOMBA BANGTAN
«SOMEONE LIKE YOU»
(SUNG & PRODUCED BY V)

A medida que el fin de año se acerca, también lo hace el cumpleaños de V. En 2014, decidió hacer su primera canción versionada a modo de regalo para ARMY. En Twitter preguntó a los fans que canción debería escoger y alguien sugirió «Someone Like You» de Adele. Contestó que esa canción tenía una emoción vocal que le llamaba mucho la atención y decidió cantarla. Es más, dirigió y planificó el vídeo él solo, que grabó en un callejón cerca de los dormitorios en solo dieciséis minutos.

Antes de fin de año y de los especiales musicales navideños de televisión, a los Bangtan Boys les dio tiempo para viajar y dar tres conciertos más en lo que llamaron la gira Red Bullet. En Manila, Singapur y Bangkok (7 de diciembre, 13 de diciembre y 20 de diciembre, respectivamente), BTS, ahora con un RM pelirrojo fuego, dieron lo mejor de sí, como lo hicieron en su primer concierto en Seúl, mientras, por primera vez fuera de Seúl, ARMY les respondió con carteles inesperados, cantos de fans y un balanceo de bastones de luz sincronizado.

Era su segunda Navidad desde que debutaron y, a pesar de que en Corea muchos dudaron de la capacidad de ganar fans de BTS, ellos continuaban probándoles lo equivocados que estaban a medida que seguían creciendo. Ese año por primera vez aparecieron en los famosos especiales navideños de K-pop: el especial de Navidad M Countdown y el especial de fin de año de Music Core. Es más, también fueron invitados al Seoul Countdown, una celebración de Año Nuevo fuera del Lotte World Tower, el rascacielos más alto de Corea. Fue un gran honor, pero si buscas a Jungkook en el vídeo de la actuación en YouTube, te llevarás un chasco: el Golden *Maknae* todavía era un menor y ¡tenía prohibido por ley trabajar a esas horas!

Para aquellos que os guste ver a los Bangtan Boys arreglados y elegantes, echad un vistazo a los diferentes estilos que ofrecieron durante la temporada de premios en enero de 2015. Recogieron su premio *bonsang* en los Seoul Music Awards vestidos con el uniforme escolar y chaleco normal y de estilo críquet. Para recoger el World Rookie Award en los Gaon Chart K-Pop Awards vistieron chaqueta gris idéntica de dos botones y cuello negro, corbata negra, pantalones negros y camisa blanca, mientras que en los Golden Disc Awards aceptaron su *bonsang* por *Dark & Wild* vestidos con chaquetas marrón-gris, corbata verde, pantalones blancos y diferentes camisetas.

El hecho de que estuvieran obteniendo *bonsangs* muestra dónde se encontraban según los estándares del K-pop. Estos premios se dan a los artistas por sus logros durante el año anterior y no es tan raro llegar a entregar diez *bonsangs* en una misma categoría. Sin embargo, la gran ambición de BTS era ganar el *daesang*, el gran premio. Para soñar siquiera con llegar a tal nivel, primero necesitaban asegurar una victoria en un programa de música, lo cual constituía su siguiente meta.

79

Ya en pleno 2015, BTS se había convertido en uno de los veinte mejores grupos de Corea. Esto es algo muy bueno para un grupo que no tenía el apoyo de ninguna de la Tres Grandes, que participaban en la creación de su propio material y todavía producían música con toques de hip-hop. Pero ¿podrían mejorar su perfil y su rendimiento?

Muy probablemente. Los ARMY cada vez eran más fuertes y el fan café, la página web donde se reúnen los fans, estaba a punto de llegar a los cien mil miembros. También aparecían bastante en televisión tanto en grupo como individualmente (en enero V presentó *Best of the Best* junto a Suejong de Lovelyz y RM también hizo una colaboración en televisión), y ahora estaban buscando oportunidades fuera del país con sus giras tanto en Japón como en Estados Unidos. Sin embargo, reinaba la sensación de que era ahora o nunca. Si no conseguían un programa de televisión, producir un álbum número uno u obtener el codiciado gran premio *daesang* ese año, ¿caerían de la cima como había pasado con tantos otros cantantes de K-pop?

Una ruta hacia el éxito está en el Japón vecino. Solo la industria musical estadounidense hace más dinero que la japonesa; allí los fans son entusiastas y los mayores compradores de CD del mundo y cada vez les gusta más el K-pop. BTS había mantenido un perfil bajo para tener éxito al grabar versiones en japonés de sus éxitos y al haber llevado la gira Red Bullet a Kobe y a Tokio, pero ahora se preparaban para un asalto mayor a Japón.

¿Caerían de la cima como había pasado con tantos otros cantantes de K-pop antes?

El rapero japonés KM-MARKIT, quien ha trabajado para los grandes del hip-hop japonés, ayudó a traducir y revisar las letras coreanas de BTS, pudiendo así publicar su álbum de debut en japonés, *Wake up*, a finales de 2014. En él hay versiones en japonés de sus canciones más famosas, así como también tres nuevas canciones: «Pt. 2 – At That Place», una canción-respuesta a «I Like It»; «The Stars», donde Jin demuestra sus habilidades vocales; y «Wake Up», donde se mezcla un suave rap estilo japonés con el sonido BTS.

Con el álbum subiendo al número dos en las listas de éxito japonesas, BTS se dirigió a Japón, donde actuaron frente a un total de 25.000 personas en seis conciertos donde se agotaron las entradas en Tokio, Osaka, Nagoya y Fukuoka entre el 10 y el 19 de febrero. En ellos reprodujeron un vídeo tierno y divertido sobre ellos aprendiendo japonés y, uno por uno, enamorándose de la profesora, pero no consiguen superar sus errores lingüísticos. También tocaron las canciones de *Wake Up* con algunas sorpresas, como el pre-debut de la canción «Adult Child» y una versión de «Beautiful» de Mariah Carey. Como siempre, dejaron el país con su imagen mejorada y con los fans pidiendo a gritos que volvieran pronto.

Cuando volvieron a Seúl, era hora de que RM tuviera su momento. ¡Y mira lo ocupado que estaba, el pobre! Mientras grababa el nuevo programa del invitado famoso misterioso, *Problematic Men*, en el que era uno de los presentadores, también colaboró en un sencillo, «P.D.D», con el mismísimo Warren G, el rapero pionero que el grupo conoció en

American Hustle Life, y, finalmente, sacó su muy esperado recopilatorio titulado *RM*.

Aquellos que hayan prestado atención se preguntarán: «Si Red Bullet fue Episodio II, ¿qué paso con el Episodio I?». BTS respondió con el anunció de dos conciertos, el 28 y 29 de marzo de 2015, en el Olympic Hall en Seúl que nombraron Live Trilogy Episode I: BTS Begins. El espectáculo fue un repaso de su carrera hasta el momento —desde el nacimiento del grupo hasta el Red Bullet— y una oportunidad para dar las gracias sinceramente a ARMY y a sus padres, algunos de ellos estaban allí, viendo cómo cantaban por primera vez.

Los chicos, con *blazers* entallados sobre sudaderas blancas con «BTS Begins», cantaron unas veinte canciones de su repertorio al público entregado. Entre ellas estaban canciones predebut como la versión de «Too Much» de Drake, así como también sus sencillos e incluso unos anticipos de su próximo miniálbum. Dos vídeos de YouTube relacionados con el concierto están entre los favoritos de los fans. El primero es un vídeo Bangtan TV de las increíbles prácticas de baile de J-Hope para un evento y el otro es un vídeo corto de la última canción: una actuación fantástica de «Born Singer», su versión predebut de «Born Singer» de J. Cole. Míralos… ¡son increíbles!

81

BOMBA BANGTAN
IT'S TRICKY IS TITLE! BTS, HERE WE GO! (BY RUN-DMC)

Puede que estén es sus mejores galas de Donna Karan (¡claramente RM no se enteró!), pero lo que es genial de este vídeo es que todavía son críos divirtiéndose. El clásico de Run-DMC es uno de sus favoritos y en el vídeo los vemos bailando con una coreografía de movimientos atrevidos, cursis e impresionantes. Primero Jimin se da cuenta de que él falta, luego RM decide que también quiere unirse y, ey, ¿y Jin? Divertido y funky, ¡este podría ser uno de los mejores Bantang Bombs!

SUGA

FICHA TÉCNICA

Nombre: Min Yoongi
Apodos: Suga, Genius, Agust D, Syub Energy, Motionless Min [Min, el inmóvil], Minami, Grandpa [abuelo]
Fecha de nacimiento: 9 de marzo de 1993
Lugar de nacimiento: Daegu, Corea del Sur
Altura: 1,74 metros
Educación: Centro de educación infantil Daegu Taejeon, Centro de Primaria Gwaneum, Instituto Kangbuk, Instituto Apgujeong, Global Cyber University
Horóscopo chino: Gallo
Signo zodiacal: Piscis

8

Min Yoongi/Suga: el *swagmaster* salvaje

*L*os ARMY saben que no existe un solo Suga. Está el rapero de Daegu, a quien no le importa nada lo que piensen los demás; el adorable Yoongi, capaz de romper corazones con su sonrisa; y Motionless Min, el dormilón que, en su próxima vida, quiere ser una piedra para no hacer absolutamente nada. Y no podemos olvidar al Suga productor, tan obsesionado con encontrar el *beat* perfecto que es capaz de ponerse a trabajar en cualquier parte: en la puerta de embarque de un aeropuerto, en la sala de espera de un estudio de televisión e, incluso, en un cuarto de baño. Un solo hombre, infinitos personajes, ¿cómo no va a estar cansado?

Cuando los ARMY escriben sobre Suga suelen utilizar otra palabra: salvaje. Todo lo que dice y hace es brutal, pero impresionante. Es el tipo que cuando le piden que se describa a sí mismo responde: «Min Suga. Genio», y no hay más que hablar. Es el rapero que dejó de cantar, deliberadamente, en mitad de una canción cuando los *haters* acusaron a BTS de hacer *playback* y es el miembro travieso del grupo que empieza a hablar en inglés, justo después de que RM diga que ninguno de los demás habla ese idioma.

Como a Min Yoongi le gusta recordar, creció en Daegu, en la provincia de Gyeongsang del Norte. Los hombres de esa provincia tienen fama de ser temperamentales y varoniles y, en ocasiones, el resto de los coreanos encuentran algo duro su dialecto, en el que a veces rapea. Como V, fue criado por su abuela durante un tiempo y parece que la educación de ambos ha sido más estricta que la de los demás. Suga ha confesado que, tras actuar por primera vez, volvió a su habitación y se quedó mirando al vacío, sorprendido de que un chico pobre de Daegu pudiera llegar tan lejos.

Fue todo gracias a su determinación y a su talento musical. La canción «First Love» cuenta cómo aprendió a tocar el piano cuando estaba en primaria y, aunque era buen estudiante, fue la música lo que captó su interés. Así, cuando en 2005 descubrió los grupos surcoreanos Stony Skunk y Epik High, se enamoró completamente del hip-hop. La canción «Fly», de Epik High, continúa siendo una de sus favoritas y considera que sus canciones optimistas y el hecho de que se nieguen a comprometer su credibilidad musical inspira y da forma a sus aspiraciones en el mundo de la música. (En 2017, cuando Suga publicó una foto del pase de su hotel durante los Billboard Awards, Tablo de Epik High le dio un contundente «me gusta», así que parece que, ahora, la admiración es mutua.)

Suga ha confesado que le sorprendió que un chico pobre de Daegu pudiera llegar tan lejos.

84

Cuando Min Yoongi era un adolescente, decidió indagar todo lo posible acerca del hip-hop. Aprendió por sí mismo a manejar programas informáticos de producción musical y, cuando tenía diecisiete años, ya estaba trabajando a media jornada en un estudio de grabación, escribiendo letras de canciones y aprendiendo a componer y a hacer arreglos musicales. En algunas entrevistas ha mencionado que ganaba lo justo para comer y coger el autobús que le llevaba al estudio y, en ocasiones, tenía que volver a casa andando, lo que le costaba dos horas, porque se había gastado demasiado en *noodles*.

Su esfuerzo le ayudó a hacerse un hueco en la escena musical de Daegu. Se convirtió en una fuente fiable de *beats* para los raperos locales. Producía sus *mixtapes* e, incluso, comenzó a rapear él mismo, bajo el alias Gloss. En 2010, como parte de la banda de hip-hop D-Town, produjo y compuso una canción para un festival local. Se conmemoraba el Levantamiento de Gwangju, una manifestación que tuvo lugar en 1980, en la que cientos de estudiantes fueron asesinados. Esto demostró que el joven compositor estaba preparado para tratar temas que otros consideraban tabúes.

Con esfuerzo, consiguió hacerse un hueco en la escena musical de Daegu.

Meses después, le llamó la atención un panfleto que anunciaba que Bang Si-hyuk estaba organizando un castin de raperos. Pasó la ronda preliminar, supuestamente al cambiarle la base a un tema propio, pero en la batalla final solo alcanzó el segundo puesto. Por suerte, en Big Hit quedaron impresionados con sus habilidades como productor y le escogieron de todos modos. Cuando el ganador, i11evn, dejó la compañía, Yoongi acabó en el grupo, siendo el segundo miembro en unirse a la que sería la formación final de BTS.

Suga ha comentado en algunas entrevistas que, aunque su hermano le apoyó desde el primer momento, al principio sus padres no estuvieron de acuerdo en que decidiera dedicarse a la música. Sin embargo, en cuanto se dejaron convencer, se convirtieron en fans absolutos y llegaron, incluso, a llamarlo por su nombre artístico. Durante un encuentro con los fans, su padre bromeó diciendo que no entendía por qué a los ARMY les gustaba tanto Suga. En 2016 HYYH Epilogue concert, al ver a sus padres entre el público, Suga se arrodilló y les dedicó una reverencia y, en 2017, le compró a su madre un restaurante en Daegu llamado La sopa de morcilla de la abuela cariñosa… aunque el nombre, probablemente, suena mejor en coreano.

Cuando Yoongi empezó a entrenarse para ser un *idol*, pasó a necesitar un nombre de *idol* y ha dado dos razones por las que escogió Suga. Una tiene que ver con su pasión por el baloncesto. Incluso cuando estaba empezando su aprendizaje, jugaba cada semana. Ocupaba la posición de 2, y «Su Ga» es la abreviación del término en inglés, *shooting guard*. Sin embargo, también ha afirmado que eligió Suga porque, comparado con el del resto de los coreanos, su color

85

de piel es muy pálido y porque es muy dulce, especialmente cuando sonríe. Por supuesto, los ARMY se decantan más por el segundo motivo.

A Suga, el entrenamiento le pareció bastante complicado. Cuenta lo mal que le caía Bang Si-hyuk en aquella época y que una vez abandonó el entrenamiento para decirle al jefe que dejaba el grupo. Por suerte, tras el altercado regresó a la sala de ensayo con sus amigos. Durante sus comienzos, también trabajaba a media jornada para ganar algo de dinero extra, por ejemplo, como repartidor en bicicleta. Se lesionó el hombro en un accidente de tráfico. Ocultó su lesión a la discográfica y pensó en marcharse, pero cuando se enteraron, se ofrecieron a ayudarle económicamente y dijeron que esperarían a que se recuperase y fuese capaz de completar su entrenamiento.

BOMBA BANGTAN
95z DANCE TIME WITH A BEAT APP

Ser Bangtan no siempre es fácil. En cuanto consigues pegar ojo, llegan «los chicos del 95», Jimin y V, con energía suficiente para chincharte. Tienen una aplicación para hacer *beats* en una *tablet*, así que la ponen al lado de sus hermanos cuando duermen e intentan que no les den una bofetada. ¿Quién estará más cerca de lograrlo? Quizá Suga si encuentra la energía necesaria. A lo mejor RM si no fuera tan calmado. O puede que Jungkook si el *maknae* no tuviera que mostrarles respeto.

El vínculo con los demás le ayudó a sobrellevar aquellos momentos. Le llaman Grandpa, porque es quien se encarga de cambiar bombillas, reparar picaportes o arreglar lo que RM rompe y ¡porque es habitual verle echándose la siesta! Aunque, a veces, es el más serio del grupo y no interviene en los juegos de los integrantes más jóvenes, todos respetan y quieren a Suga. Conoce a RM desde que entró en Big Hit y, hasta que se mudó a su último piso de lujo, compartió habitación con Jin y se negaba a contemplar la idea de cambiar porque pensaba que este era el compañero de habitación perfecto.

El vínculo que le une a Jungkook es parte de la leyenda de BTS. El propio Suga se describe a sí mismo y al *maknae* como «el dúo de las brochetas». Desde el momento en que Suga le descubrió este plato a Jungkook, se ha convertido en su comida preferida. Suelen bromear con que Suga le propone ir a comer brochetas tan a menudo que van a abrir un restaurante kebab. Esta idea de negocio surgía con frecuencia hasta que, en 2017, Jungkook contó a la revista *ARMY* que los padres de Suga le habían dicho que el negocio estaba condenado al fracaso y que, en lugar de eso, ¡Suga estaba pensando en montar una empresa de muebles!

Lo que de verdad interesa a Yoongi es la tecnología. Su primer videoblog para BTS fue un análisis del regulador digital que utiliza para hacer *beats*. Más adelante, nos acostumbramos a verle con una cámara y, en Twitter, comenzó a aparecer un *hashtag*, que los fans tradujeron como «la mirada de Suga». Incluía fotos de los integrantes de BTS, curiosidades o lugares a los que había viajado con el grupo. Como todo el mundo sabe, escribió en una publicación que le parecía bien que los fans compartieran y editaran la publicación «porque soy guay :)».

La personalidad de Yoongi se ganó un lugar especial en el corazón de los ARMY cuando confesó su frase para ligar en el programa de televisión *American Hustle Life*: «Te gusta este collar? Tres dólares». Les encanta cuando usa la palabra *infires*, su versión de *inspires* y su frase sin sentido: «Min Suga genius jjang jjang man boong boong», inmortalizada al acompañar una foto de Suga en el teléfono de Jimin. Otro momento muy celebrado de Suga tuvo lugar cuando se puso un uniforme escolar y una peluca negra, convirtiéndose en Min Yoonji, una colegiala increíblemente guapa, para *Run BTS!* Y, finalmente, los ARMY no han olvidado el desternillante vídeo de una firma de discos de BTS, en el que una fan extremadamente emocionada le grita a Suga que es un hombre peligroso y le amenaza con demandarle porque es tan guapo que hace daño.

Debido a su naturaleza reservada y tranquila, Suga no proclama su amor por los ARMY tanto como los demás. Es Suga y hace las cosas a su manera. En una firma de discos en 2014, les dijo a los ARMY que, cuando hubiera ganado mucho dinero, les compraría carne. Cuando, un año después, le preguntaron si pensaba mantener su promesa, fijó como fecha el 9 de marzo de 2018, el día que cumpliría veinticinco años y para el que todavía faltaban tres años. Fiel a su palabra, aquel día realizó una donación de carne a treinta y nueve orfanatos, no en su nombre, sino en el de los ARMY.

BOMBA BANGTAN
BTS'S VOCAL DUET «SOPE-ME»
STAGE BEHIND THE SCENE

A los fans les encanta ver a Suga y a J-Hope juntos, como «SOPE». Su serie ocasional en *V-Live, Hwagae Marketplace* [El mercadillo de Hwagae]» siempre es desternillante y las fotos en las que llevaban sus chándales «SOPE» a juego de color naranja para el *festa* de 2016 muestran lo que los raperos intentan conseguir como cantantes. Todo esto deja claro lo bien que se llevan.

En enero de 2014, mientras el grupo estaba de promoción en Japón, Suga tuvo apendicitis. Volvió a Corea para ponerse en tratamiento, pero el día después de que le dieran el alta, ya estaba de vuelta en Tokio. Tenía que asistir a un evento en el que los integrantes del grupo iban a leer cartas que ellos mismos habían escrito a sus fans. Sin embargo, Jin decidió leer una carta que le había escrito a Suga. Le dijo lo mucho que le admiraba por decidir actuar para los ARMY, a pesar de encontrarse en un estado tan delicado, pero también le recordó que no pasa nada por sentirse débil y que los demás miembros de BTS siempre estarían ahí para cuidarle.

Los fans recordarían estas palabras en diciembre de 2015, cuando BTS anunció que se cancelaba un concierto, de nuevo en Japón, porque V y Suga se encontraban mal. Aunque V estaba, en efecto, físicamente enfermo el día del concierto, Suga admitió más adelante que, en su caso, se trataba más de una ansiedad creciente que provocaba que esa noche, simplemente, no se viera capaz de enfrentarse al público. Se supo que Suga había tenido problemas relacionados con la depresión desde la adolescencia. A pesar de todo, sentía que había decepcionado a sus fans en Japón. Admitió que no podía dormir y que se despertaba con sudores fríos y entre lágrimas por no haber actuado. Sus tuits de las semanas siguientes descubrieron a un artista que estaba atravesando un bache. Cuando el grupo, por fin, encontró un hueco en su agenda, acudió él solo al lugar donde se iba a celebrar el concierto, para intentar comprender a aquellos fans a los que sentía que había decepcionado. Con total sinceridad, se describió a sí mismo como una persona débil que actúa como si fuera fuerte y dio las gracias a los ARMY por estar a su lado.

> En enero de 2014, mientras el grupo estaba de promoción en Japón, Suga tuvo apendicitis [...] Un día después de que le dieran el alta, estaba de vuelta en Tokio para asistir a un evento.

En agosto de 2016, Suga lanzó un *mixtape* que podía descargarse de forma gratuita o escucharse en *streaming* y que, en ambos casos, se grabó bajo el título de *Agust D* (al revés, se lee DT Suga y DT hace referencia a Daegu Town). Producido íntegramente por Yoongi, en canciones como «Agust D» y «Give It To Me» se aprecia un rap fanfarrón en el que defiende su estatus de *idol*, y en la primera se jacta de su «tecnología de la lengua», una expresión que los ARMY adorarán para siempre. Sin embargo, lo que realmente hizo posible este *mixtape* fue que Yoongi contara su historia.

> **BOMBA BANGTAN**
> **'뱁새' DANCE PRACTICE**
> **(흥 VERSION) - BTS (방탄소년단)**
> Si buscas «Bangtan Bomb festa dance practice 2016 [Ensayo de baile para el *festa* de 2016]», se puede ver la graciosa reacción de Suga cuando pierde a piedra, papel, tijera durante los ensayos del tema «Baepsae» para el *festa* de 2016. J-Hope suele ser el encargado de bailar *break dance* en sus actuaciones, pero, esta vez, el honor recae en el integrante del grupo al que menos le gusta ser el centro de atención. Por supuesto, Suga le da al baile un estilo propio y nada convencional. ¿Elegante? No. ¿Conmovedor? Ni lo más mínimo. ¿Divertido? ¡Ya te digo!

90 «724148», que debe su título a los autobuses que cogía para ir al colegio en Daegu y Seúl, habla sobre su viaje desde Daegu y las adversidades de sus inicios, cuando trabajaba a media jornada por la mañana, iba al colegio durante el día y entrenaba por la noche. Realmente, desnuda su alma y revela la ansiedad que parece capaz de devorarle. Esto queda especialmente reflejado en «The Last», donde habla abiertamente sobre los continuos problemas derivados de su trastorno obsesivo compulsivo y de la depresión, así como sobre las visitas a los psiquiatras.

El *mixtape* se dirige a su final con «Tony Montana», que hace referencia al gánster interpretado por Al Pacino en la película *Scarface*, de 1983, y a su historia basada en que el éxito no garantiza la felicidad. Finaliza con la lenta, conmovedora y popular «So Far Away», en la que Yoongi habla del coraje necesario para perseguir y conseguir un sueño. A este tema le pone voz Suran, para quien Yoongi escribió «Wine» en 2017.

Con sus habilidades como productor, compositor, rapero y bailarín, Suga ha demostrado que posee un talento impresionante y que es una parte esencial de BTS. Además, es un chico sincero y directo, con un corazón de rapero *underground* y un lado sensible, y es todo esto lo que le convierte en el salvaje y dulce Suga, al que tanto quieren los ARMY.

9

Momentos maravillosos

*P*or fin llegó el día del regreso, con la que parecía ser la vuelta a los escenarios más importante de la carrera de nuestros chicos. Ansiaban poder alzarse con la victoria en ese programa musical, como bien dijeron en muchas de las entrevistas que hicieron el otoño de 2015, e incluso trajeron a colación en el *sketch* de su nuevo álbum. No obstante, era más fácil decirlo que hacerlo. El programa contaba con la presencia de una gran cantidad de artistas K-pop famosos, por lo que debían de producir algo muy especial.

El nuevo miniálbum, *The Most Beautiful Moment in Life, Part 1*, se anunció con uno de los ya comunes avances a finales de abril de 2015. El tráiler se trataba de nuevo de rap, pero esta vez era de Suga, no de RM, acompañado de una bonita animación al más puro estilo japonés en la cual se mostraba a un joven escondiéndose de las realidades de la vida mientras jugaba solo en la pista de básquet. El vídeo terminaba con unas letras que rezaban que, incluso en los tiempos de adversidad, podemos encontrar la felicidad en los «momentos maravillosos».

RM pensó largo y tendido sobre qué temas abordar en este y el próximo lanzamiento, antes de decantarse por la frase china *Hwa yang yeon hwa* (abreviada en algunos casos como HYYH), con la que resume la filosofía subyacente en el álbum. Esta frase, que suele interpretarse como «la era de la floración», es una metáfora del paso de la juventud, la belleza y el amor. Aun así, manteniéndose firmes en la misión de BTS de hablar directamente sobre las inquietudes y los problemas de los jóvenes, el grupo optó por una traducción ligeramente diferente para el título de su álbum: «The Most Beautiful Moment in Life».

Más adelante, durante las actuaciones en directo, RM profundizó más en el tema, enfatizando que los jóvenes deben valorar los momentos de felicidad y belleza, incluso cuando estén pasando por dificultades en la escuela, en el trabajo, con sus padres o en una relación. Los subtítulos del DVD del concierto tradujeron sus palabras del siguiente modo: «Si reconoces y sientes este momento sinceramente con el corazón, y estás preparado para aceptarlo, entonces, desde el instante en el que naces, toda la vida puede ser maravillosa».

Poco después del tráiler, llegaron las nuevas fotos conceptuales. Se revelaron dos estuches para el diseño de sendos álbumes: una versión rosa y una en blanco. La primera versión contrastaba manchas de color en la ropa de los chicos, el verde de la hierba y las flores, y el sombrío posar de los arboles *sakura* (o cerezos en flor) del parque nacional de Gyeongju.

El 29 de abril de 2015, antes de que el álbum y el vídeo hicieran su aparición a media noche, BTS entró en un programa en directo dedicado a ellos, de una hora de duración, conocido como *I Need U BTS on Air*, en *Starcast* (que todavía podéis encontrar disponible en V-Live), en el cual hablaron sobre la sesión fotográfica y el álbum, e hicieron una impresionante versión relajada en directo de «I Need U». Verlos riendo y bromeando con tanta tranquilidad hizo que el sombrío semblante con el que posaron pareciera difícil de creer, pero, como estábamos a punto de descubrir, además de cantar y bailar como los ángeles, estos chicos también eran muy buenos actores.

RM profundizó más en el tema, enfatizando que los jóvenes deben valorar los momentos de felicidad y belleza, incluso aunque estén pasando por dificultades.

93

No hubo coreografía en el vídeo musical de «I Need U», solo una triste historia. De hecho, era tan oscura que el vídeo original tuvo que ser reeditado porque contenía escenas que podrían conmocionar o herir la sensibilidad de su público más joven (más adelante, se volvió a subir con una advertencia de +19 en el título), puesto que lleva la idea de la fragilidad de la juventud a una lúgubre conclusión: abandono a la violencia, sobredosis de pastillas e incluso algunos indicios de suicidio. Las frustraciones que veíamos en «Danger» no son nada comparadas con lo extremo de las aquí representadas, en la que cada integrante del grupo recibe una historia individual con un tema general de desesperación y miseria.

Las melancólicas escenas, grabadas a través de un filtro azul, dotan a los chicos la oportunidad de representar, de un modo muy convincente, un papel: Jimin quema cartas sentado en la bañera, Jungkook sufre el ataque de unos matones y V reacciona de un modo violento contra el maltratador de su padre. Las imágenes están cargadas con fuertes simbolismos de dejar atrás la niñez, y muestra una autoestima muy frágil que se desvanece, por lo que no es sorprendente que, aún a día de hoy, los ARMY sigan barajando teorías sobre el significado del vídeo.

La atmósfera de soledad contrasta perfectamente con los fragmentos en los que aparece el conjunto en su totalidad. En estos últimos no están solos, sino que ríen, se abrazan, juegan a las peleas y disfrutan de la compañía de los otros. Ataviados con ropa informal de estilo inglés (un polo de Fred Perry para Jimin, una camisa de un grupo de punk para V, una camisa con tirantes para RM y una chaqueta de cuero sobre una camiseta básica blanca para Suga), dan la impresión de no ser más que unos chavales normales y corrientes pasándoselo bien.

El vídeo surtió efecto. En tan solo unas horas, #Ineedu era tendencia a través de las redes sociales, y todo estaba en su sitio para el lanzamiento del nuevo miniálbum. Las versiones en rosa y blanco del CD venían acompañadas de un exquisito libro de imágenes de 120 páginas que estaba lleno de incluso más imágenes, tanto de flores y de playas como de las típicas imágenes espontáneas de miembros del grupo y del conjunto en su totalidad.

El contundente rap de Suga en el tráiler hace sus veces como introducción al álbum. Es un apasionado grito en contra de las voces que desconfían de uno mismo, motivado por el sonido producido por el rebote de la pelota de baloncesto, el cual se ve agudizado por el crujir de las zapatillas sobre la cancha. Esto nos conduce directamente hacia el sencillo «I Need U», el cual establece el ritmo electropop y los niveles de intensidad emocional del resto del álbum, y retoma el ya familiar tema de añorar un amor que ya ha terminado. No obstante, en este caso observamos una reflexión más madura sobre el tema. Ya no son chicos *in Luv*; esto ya es serio, y, por primera vez, están preparados para utilizar la palabra «amor».

Aquellos que descubrieran BTS en ese momento podrían haber pasado por alto el significado de esto cuando confluyó. Ahora, las transiciones entre cantantes y raperos son mucho más suaves, y se han alejado todavía más del hip-hop, en favor de un estilo pop más suave, todo ello logrando mantener vivo el ritmo. No es una imitación del rap americano, y tampoco es hip-hop coreano o el puro K-pop. Estaban creando un sonido verdaderamente propio y «I Need U» era su sencillo más completo hasta el momento.

Sin embargo, todos aquellos que echaban a faltar el elemento del baile en sus vídeos musicales no tendrían que esperar demasiado. Unos pocos días tras el estreno, Big Hit publicó un vídeo de práctica para la coreografía de la canción. Este baile era más sutil que muchos de los anteriores, y el efecto general es el del movimiento de las olas, hasta que llega el coro; es entonces cuando los intensos y angulares movimientos de baile entran en acción.

> Estaban creando un sonido verdaderamente propio y «I Need U» era su sencillo más completo hasta el momento.

La tercera canción, «Hold Me Tight», señaló el debut como letrista de V. Tras observar cómo funcionaba la línea del rap durante mucho tiempo, V esperó pacientemente antes de salir a la luz con su dulce piano y su sintetizadora canción de amor. Tras este tema, escuchamos el revelador «Skit: Expectation!», en el cual el grupo habla sobre sus expectativas sobre este álbum, o, en efecto, de si se atreven siquiera a tener expectativas.

Esto es muestra de las inseguridades de los integrantes, que quieren de verdad creer tener una oportunidad de triunfar, pero que su humildad o incluso posible verdadera falta de autoestima les hace reprimirse. A pesar de eso, en un encantadora entrevista de Jin para el programa de televisión *Pops in Seoul*, este dijo estar seguro de que «I Need U» sería todo un éxito, porque siempre que J-Hope decía que algo iba a ser un fracaso, terminaba saliendo bien, ¡y J-Hope predijo resultados pésimos para el nuevo sencillo!

«Bienvenidos. ¿Es tu primera vez con BTS?», pregunta RM al principio de «Dope», a modo de bienvenida para el creciente número de reclutas de los ARMY. La energía vuelve con este tema, el número cinco del álbum, lo que la hizo también la canción más popular que BTS ha grabado hasta la fecha. Uno de los primeros abanderados del grupo en Estados Unidos, Jeff Benjamin, periodista de *Billboard*, alabó la agresividad de la letra, el carácter festivo de la producción y el ritmo central cargado de sonidos de claxon. América estaba empezando a centrar su atención en BTS, ¿y cómo no iba a hacerlo? En un animado tema, BTS había hecho gala de su capacidad para unir un sonido de cuerda sintetizada, unas variaciones estilo jazz y un ritmo fuerte mientras cantaban sobre derrotar a sus detractores y celebraban su éxito. Es como si supieran que, a pesar de sus modestas expectativas, esto iba a terminar funcionando.

Lo que quieres, llegados a este punto, es un pisotón cargado de buen rollo, con lo que, a continuación, llega exactamente eso con «Boyz with Fun». Una vez actuaron

Aquí están los Bangtan Boys, los chicos con cara de niño: actuando en *Show Champion*, de MBC Music, en Seúl, Corea del Sur, en octubre de 2013, solo unos momentos después de su debut (arriba), y en la alfombra roja en los terceros Gaon Chart K-pop Awards celebrados en Seúl en febrero de 2014 (abajo).

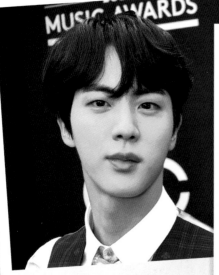

RM

SUGA

JIN

J-HOPE

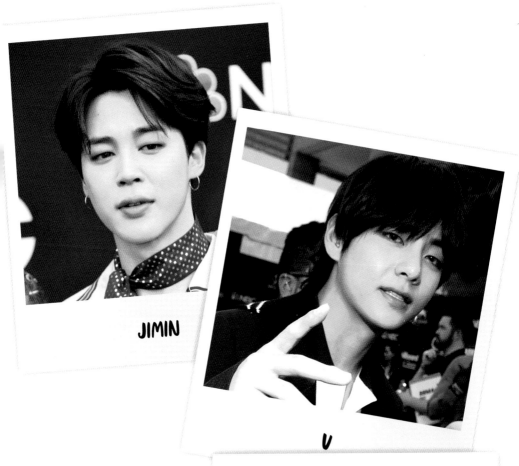

JIMIN

V

JUNGKOOK

Cada uno de los chicos aporta algo diferente a la banda; aquí están en los Billboard Music Awards en Las Vegas, Estados Unidos, en mayo de 2018, guapísimos y luciendo el mismo pelo oscuro, que tanto revuelo causó entre los ARMY cuando lo desvelaron para un anuncio de LG.

Arriba: Los chicos luciendo su estilo callejero en la alfombra roja del *photocall* del Incheon Korean Music Wave. Incheon, Corea del Sur, en septiembre de 2013.

Abajo: Demostrando lo versátil que es su selección de moda con un elegante conjunto para otra aparición en *Show Champion* de MBC Music en Ilsan, Corea del Sur, en marzo de 2014.

Arriba: De nuevo en la alfombra roja con trajes granate para los quintos Gaon Chart K-pop Awards, Suga, RM y Jimin lucen un precioso pelo de colores. Seúl, Corea del Sur, en febrero de 2016.

Abajo: BTS haciendo que el escenario arda en una actuación en vivo de «Fire» en el KCON. Nueva Jersey, Estados Unidos, en junio de 2016.

Jin, el guapo internacional, se hizo viral como el #ThirdOneFromTheLeft (el tercero por la izquierda), pero los demás chicos también estaban muy guapos en los BBMA de Las Vegas cuando empezaban a recibir algo de calor en Estados Unidos (arriba). Ganar el premio al Mejor Artista en Redes sociales fue un gran honor para BTS, y lo celebraron como es debido de vuelta en casa en una conferencia de prensa en Seúl, Corea del Sur, en mayo de 2017 (abajo).

Arriba: Los chicos en *Jimmy Kimmel Live!*, donde ofrecieron a los fans un repertorio que incluía «Go Go», «Save Me», «I Need U», «Fire» y «MIC Drop (Remix)». Los Ángeles, Estados Unidos, en noviembre de 2017.

Abajo: Posando para las cámaras entre bambalinas en los AMA. Los Ángeles, Estados Unidos, en noviembre de 2017.

BTS triunfan en Estados Unidos: en el escenario de los AMA, durante una actuación alucinante de «DNA». Los Ángeles, Estados Unidos, noviembre de 2017.

en directo con estos ritmos *bebop* de tan buenas vibraciones en programas de música, esta canción se convirtió en una firme favorita de las actuaciones en directo; esto se debe, en gran parte, por la coreografía relativamente fácil de imitar y una de las tradiciones favoritas del público, en la que V inventa un movimiento que los demás tienen que imitar.

Tanto «Boyz with Fun» como la próxima canción, «Converse High», habían sido presentadas previamente en los conciertos de marzo en el salón olímpico de Seúl. El tema de esta última, escrita por RM, era familiar para quienes habían escuchado la entrevista que le hicieron sobre su prototipo: le gustan las chicas que llevan Converse rojas. Con esta suave canción llena de ritmos R&B consigue convencer al resto del grupo de la excelencia de su marca preferida de zapatos, excepto, por supuesto, a Suga, al que no solo no pudo convencer, ¡sino que además tiene su propia estrofa hablando mal sobre la marca!

En primavera de 2015 los chicos cambiaron finalmente de residencia. Originalmente, compartían una pequeña residencia en la que los siete dormían en una sola habitación, pero, gracias a su éxito, se trasladaron a una residencia más grande de tres habitaciones, en la que Jin y Suga compartían una habitación, RM y Jungkook otra, y J-Hope, Jimin y V, una tercera. Así pues, en su siguiente canción, «Move», un tema suave de hip-hop con guitarras, hablan sobre su cambio de residencias, sus recuerdos en su anterior hogar, tanto los felices como los tristes, y utilizan *moving* como una metáfora para su escalada en los rankings como *idols*.

El noveno y último tema, «Outro: Love Is Not Over», sigue con la tradición de cerrar el álbum con una canción puramente vocal. Esta balada acompañada por piano fue la oportunidad de Jin y Jungkook de brillar en el apartado de la composición; y eso fue lo que hicieron, con una maravillosa a la vez que devastadora negación del final de un amor.

97

> **BOMBA BANGTAN**
> **UP DOWN UP UP DOWN (BY EXID)**
> Otra de las bobadas de camerino para el recuerdo, en este caso, unos J-Hope y Jimin dirigiendo una espontánea parodia de «Up and Down», tema del grupo femenino EXID. Este vídeo alcanzó alrededor de los cinco millones de visualizaciones, puede que en apreciación del baile sexi del que hicieron gala, o por ser el origen un célebre careto de Jimin, o quizá porque es un baile que más adelante repetirían en *Weekly Idol*.

Desde sus inicios, BTS ha tratado de crear una relación única con sus fans a través de redes sociales y YouTube. A partir del verano de 2015, a pesar de que las bombas, las prácticas de baile y demás vídeos seguían subiéndose a YouTube, otros vídeos de BTS aparecieron en la recién lanzada V-Live. Esta aplicación permite a los grupos de K-pop publicar tanto vídeos en directo como pregrabados (con traducciones al inglés), e incluso chatear con sus fans en tiempo real.

La primera serie de BTS que apareció en la aplicación V-Live, *BTS Bokbulbok*, constaba de cinco episodios de diez minutos. El título podría traducirse como «sorteo» o «afortunado o no». El grupo elige un juego aleatorio, que puede ser un videojuego de boxeo, una partida de tenis de mesa en miniatura o amontonar vasos, al que jugarán en su estudio de baile. Mirad el primer episodio; en él juegan a adivinar con mímica con Jungook, Jin y Jimin haciéndose pasar por canguros, o el tercer episodio, en el que un V con los ojos vendados se mueve de un lado a otro en la pista de baile en una desternillante partida de escondite.

En agosto de 2015, V-Live empezó a emitir una graciosa serie musical conocida como *BTS Gayo*. En los ocho episodios (o *tracks* [pistas], como los nombraron en este caso) que la componen, los retos planteados los llevarán a realizar bailes de grupos femeninos, o tratar de reconocer las impresiones de los miembros sobre otros cantantes de K-pop. A los ARMY les gustó, en especial, el segundo, en el cual los chicos recrean escenas románticas de películas coreanas, y el número seis, el cual, tras una investigación para descubrir quién es el peor bailarín en BTS, termina con una fabulosa batalla de baile improvisado entre Suga y J-Hope.

En *Run BTS!*, otra serie exclusiva de V-Live, los chicos salen del estudio y se les ofrece una mayor variedad de juegos, retos y actividades. Si estás preguntándote si J-Hope deja de sonreír por siquiera un segundo, no le pierdas de vista en la montaña rusa del episodio tres, en el cuál todos ellos visitan un parque de atracciones. Y, si pensabas que son tipos duros, ¡mira cómo sudan en el ascensor que los lleva a hacer puenting en el episodio nueve!

Así pues, V-Live se convertiría en un importante canal para BTS en el cual los miembros individuales tenían sus propios programas en directo, tales como, por ejemplo, *Eat Jin*, *Hwagae Marketplace* de Suga y J-Hope, *Hope on the Street* de J-Hope o *What are the 95z Doing?* de Jimin y V. El grupo también emitía constantemente en directo a través de la aplicación, ya fuera ente bastidores en alguna ceremonia de premios, en salas para cambiarse antes de programas de televisión de variedades, en los cumpleaños de todos sus miembros y antes y después de los conciertos que hacen a lo largo y ancho de todo el mundo.

Mientras tanto, BTS no había olvidado la importancia de la televisión. Con el vídeo de «I Need U» alcanzando un millón de visualizaciones y el puesto número cinco en la lista de éxitos de *Gaon* en tan solo dieciséis horas, y con el miniálbum entrando en una segunda posición, prepararon sus actuaciones para los programas de televisión musicales de Corea. ¿Podrían, por fin, alzarse con la elusiva victoria de aquel programa?

J-HOPE

FICHA TÉCNICA

Nombre: Jung Hoseok
Apodos: J-Hope, Hobi, Horse [Caballo], Smile Hoya
Fecha de nacimiento: 18 de febrero de 1994
Lugar de nacimiento: Gwangju, Corea del Sur
Altura: 1,77 metros
Educación: Centro de Educación Secundaria Ilgok, Institu-
to Kukje, Global Cyber University
Horóscopo chino: Perro
Signo zodiacal: Acuario

10

Jung Hoseok/J-Hope: la sonrisa de BTS

*I*ncluso si acabas de conocer a BTS, J-Hope es fácil de distinguir en cualquier entrevista de grupo. Él será el que luzca una amplia sonrisa. ¿Y si sonríen varios de ellos? No te preocupes. Espera más o menos un minuto y uno de ellos empezará a gritar de alegría, a saludar o, si tienes suerte, a bailar. Ese será J-Hope.

Desde el debut, la energía y euforia de J-Hope ha motivado a BTS. Su carácter afable siempre se ve reflejado en las entrevistas, los *vlogs*, las bombas Bangtan y las actuaciones. En una conversación durante una *festa*, Suga comentó que esto no era así cuando eran aprendices, y que fue el nombre artístico «Hope» que adoptó el que infundió a Hoseok este gran optimismo. Sea cierto o no, J-Hope está orgulloso de ser el rayo de sol de BTS y a menudo se presenta diciendo: «Soy tu esperanza, soy tu ángel».

Por supuesto, J-Hope es mucho más que la alegre mascota de BTS. Ocupa su lugar en la línea de rap, ha contribuido a las autorías y a la producción de más de cincuenta canciones de BTS y es el bailarín principal. J-Hope es el mejor en los ensayos de baile, y ayuda a los demás a dominar los pasos en las largas sesiones de práctica. De hecho, el coreógrafo del grupo, Song Seongdeuk, ha hablado sobre la dedicación y el sentido del deber de J-Hope en el modo en que guía a los demás miembros, mientras que Jimin ha destacado lo estricto que puede llegar a ser el bueno de J-Hope a la hora de enseñar baile.

A diferencia de los demás miembros del grupo, J-Hope llegó a Big Hit siendo un bailarín consumado. Había estado bailando desde primaria, y recordó el subidón que sintió al ver la reacción del público cuando actuó en un concurso de talentos coreano. La pasión por la música y su manera de expresarse a través del baile jamás lo abandonarían.

Young Hoseok y su hermana mayor, Jung Dawon (que ahora tiene una línea de moda llamada Mejiwoo, crecieron en el seno de una afectuosa familia en Gwangju, una ciudad en el extremo suroeste de Corea del Sur. Cuando su temprano entusiasmo por el tenis empezó a disiparse se topó con unos vídeos de baile que le sirvieron de inspiración, y vio este arte como un medio para dar salida a su pasión por la música y la actuación. En secundaria siguió estudiando, pero ya estaba labrándose una reputación entre sus amigos por sus dotes para el baile e incluso ganó un concurso de baile nacional.

Durante el instituto asegura que se portaba muy bien, pero seguramente tampoco tenía otra elección: su padre era profesor de literatura allí. No obtenía notas especialmente altas, pero destacaba en el *popping*, un estilo de hip-hop. A los quince años iba a clases de baile en una academia y actuaba regularmente con un equipo local de *street dance* llamado Neuron, e incluso acudió a los cástines para la empresa JYP Entertainment. Más adelante, V recordó que cuando BTS debutó, sus amigos preguntaron si J-Hope era aquel bailarín de la academia de Gwangju (en aquella época, su nombre artístico era Smile Hoya). «Era muy conocido», concluyó V.

Según J-Hope, fue su pasión por el baile y su predisposición para el esfuerzo lo que llamó la atención de Big Hit. Cuenta la leyenda que después de un videocastin de baile que la discográfica celebró en su ciudad natal, cuando el personal regresó horas después para recogerlo todo, se lo encontraron practicando todavía. La voz de que allí había un talento entregado llegó hasta Seúl.

En diciembre de 2010, J-Hope se convirtió en el tercero

Jimin ha destacado lo estricto que puede llegar a ser el bueno de J-Hope a la hora de enseñar baile.

de la formación definitiva de BTS en firmar con Big Hit. Llegó a la residencia en Nochebuena y no tardó en enfrentarse a la realidad de la vida del aprendiz: largas horas de práctica intensiva y dormir en la residencia. Fue Suga quien cuidó de él en esos primeros días difíciles, e incluso apareció con un poco de pollo cuando vio que J-Hope iba a pasar la Nochebuena solo en la residencia.

Nuestro hombre tomó la J de su nombre, Jung, y añadió Hope [esperanza] porque quería ser el miembro optimista del grupo, cosa que, sin duda, ha logrado. No solo lo reclutaron como bailarín, sino como parte de la línea vocal. Seis meses después, cuando V se unió a la compañía como vocalista, J-Hope pasó a la línea de rap. Aquello era nuevo para él, pero trabajó con diligencia con el personal y los profesores de la empresa para desarrollar su propio estilo.

Al igual que para el resto, el periodo como aprendiz fue arduo para J-Hope y esperar para el día del debut lo llenaba de frustración. En el documental *Burn the Stage*, el grupo habla sobre la época en la que decidió dejar el grupo. Jungkook lloró, RM habló con Big Hit para que lo convencieran de que se quedase. J-Hope afirma que solo volvió porque confiaba en que el grupo acabaría triunfando.

Los ARMY agradecen muchísimo que lo hiciera. Hobi, como lo llaman a veces, los ha dejado pasmados con sus actuaciones en numerosas ocasiones. Sus fantásticas dotes para el baile causaron sensación en las batallas MAMA en 2014 y en 2015, y su exhibición en solitario en «Boy Meets Evil» le deja a uno sin aliento. Como bailarín principal, a menudo se le reconoce el mérito de crear e interpretar la compleja coreografía de BTS y, en un V-Live especial sobre «DNA», V dijo que J-Hope era capaz de crear la coreografía más difícil que jamás hayan intentado en tan solo diez minutos.

Pero no solo baila de maravilla. Su estilo de rap, suave y, en ocasiones, fluido, contrasta con los tonos más duros de RM y Suga. Al escuchar «Whalien 52», «Ma City», «Cypher Pt. 3: Killer», «Let

> J-Hope era capaz de crear la coreografía más difícil que jamás hayan intentado en tan solo diez minutos.

Me Know» o «Boy Meets Evil» cuesta creer que no lleve rapeando toda la vida. Y, en canciones posteriores como
«Rain», «Tomorrow» y, especialmente, la oda a su madre,
«Mama», cuando canta deja bastante claro por qué lo escogieron en un principio para la línea vocal.

La pasión por el baile de J-Hope inspiró sus vídeos de V-
Live «Hope on the Street» (ahora disponibles en YouTube). En
estos, aparece bailando y dando consejos de baile pero, principalmente, pasándolo bien. En un episodio lo acompaña Jungkook y, en otro, Jimin llega en un patinete eléctrico y, al final,
V aparece con una bici y todos se divierten improvisando.

Hobi nació en 1994 y es un puente natural entre los
miembros mayores y la generación del 95. Simpático y extro-
vertido, parece llevarse bien sin esfuerzo con todos los miembros del grupo. Se comenta que es el único capaz de hacer reír
a Suga cuando todos los demás fracasan, y su amistad con
SOPE queda patente en los *vlogs* en el mercado de Hwagae, el
dueto SOPE-ME y los magníficos chándales naranja.

El otro vínculo evidente es con Jimin, ya que el del 95
fue el primero en hacerse amigo de él gracias al tiempo que
pasaron practicando baile juntos. J-Hope y Jimin también
comparten habitación, al principio también con V, pero incluso cuando se trasladaron a su apartamento de lujo y cada
uno tenía su propio cuarto, Jimin y J-Hope eligieron compartir la habitación más grande. J-Hope ha dicho: «Soy el
mayor, y Jimin me hace caso. No solemos decirnos estas cosas a la cara, pero yo le estoy siempre muy agradecido». Jimin, por su parte, agradece que J-Hope se quede dormido en
cuanto se mete en la cama, y confía tanto en su *hyung* que le
ofreció la responsabilidad exclusiva de limpiar la habitación.
¡Aunque J-Hope rechazó la oferta!

Jimin también ha comentado que J-Hope
J-Hope
hace amistad con todo el mundo y la larga lista
hace amistad
de amigos del mundo del K-pop que ha hecho
con todo
lo confirma. Entre ellos se encuentran: Ravi, de
el mundo.
XVII; Hyerin, de EXID; Hyungwon, de Mons-
ta X; Zuny, de Ladies' Code; Zelo, de B.A.P.; y
Sunghak, de BIGSTAR; todos íntimos de Hobi. En marzo

de 2018, Jo Kwon, de 2PM, publicó unas fotos suyas con J-Hope y dijo que estaba muy orgulloso de la gran amistad que habían cultivado desde que se conocieron por primera vez seis años atrás, cuando, antes del debut, J-Hope rapeó y bailó en el vídeo de «Animal», canción en solitario de Jo Kwon.

Su carisma, su naturaleza generosa y su entusiasmo (por no hablar de su capacidad para poner las expresiones faciales más increíbles) le han hecho ganarse también el cariño de los fans de BTS. En los primeros programas de variedades, cuando los demás miembros solían mostrarse algo reservados, J-Hope siempre estaba dispuesto a participar. Pocos podrán olvidar el episodio de 2015 de *Yaman TV*, donde bailó un popurrí de coreografías de grupos femeninos dejando a todos boquiabiertos, especialmente con la parte de «Ice Cream Cake», de Red Velvet. Búscalo y, mientras lo miras, es posible que te encuentres con la palabra «serpiente».

El paquete del verano de 2015 de BTS (una sesión fotográfica en vídeo publicada como DVD) incluía una visita al zoo, donde J-Hope conoció a una serpiente especialmente grande. Mientras se enroscaba alrededor de sus hombros, se lo ve obviamente aterrorizado, pero su reacción es muy divertida, y, de hecho, se convirtió en uno de los memes preferidos de los fans. Pronto quedó claro que esta era una de sus fobias. En varios episodios de *Run BTS!* tiene una reacción similar al subir a una montaña rusa y hacer puenting, pero hay que aplaudirle por ser lo bastante valiente como para ponerse en esas situaciones solo para que los fans se entretengan con sus reacciones histéricas.

Cuando en SBS Asia lo entrevistaron acerca del incidente de la serpiente, J-Hope saltó con la clásica frase: «*I hate snakeu**! [¡Odio las serpientes!]». El chico no es tonto, y habla varios idiomas (especialmente el japonés), pero su propia manera de hablar inglés ha generado momentos inestimables para los ARMY. Cómo no, él fue el instigador de toda la conversación de: «Jimin, you got no jams» con sus

---

* «Serpiente» en inglés es «*snake*», no «*snakeu*».

instrucciones de que todos hablasen inglés, y también es el autor de gemas como «*Oh, my hearteu* is, my hearteu is...* [Oh, tengo el corazón, tengo el corazón...]» y de «*Oh, Jimin is very no fun!* [Oh, Jimin es muy no divertido]».

J-Hope también es conocido por su promesa de producir una *mixtape*. Con los años, la idea ha evolucionado de «soñar» a «está en mi lista de quehaceres de 2017», y de esto a «estoy trabajando en ello», y algunos creían que jamás sucedería, pero resultó ser el avance más largo de la historia, porque el 1 de marzo de 2018 se publicó *Hope World*, ¡y vaya si mereció la pena la espera!

BOMBA BANGTAN
J-HOPE VS 95z
Que no te engañe el título. No es un duelo de baile ni de canto. Es lo que sucede cuando despiertas a un rayo de sol durmiente. De los miembros mayores, los del 95 saben que J-Hope es con quien pueden contar para tener la diversión garantizada, pero ¿hasta dónde pueden llegar? Bastante lejos, como vemos en esta encantadora travesura.

La portada de dibujos de vivos colores marca inmediatamente el tono, y la *hixtape*, como han bautizado los ARMY a *Hope World*, consta de siete canciones que incluyen los géneros pop, tropical, EDM, trap y rap duro (o todo lo duro que puede hacerlo J-Hope, con el productor de BTS, Supreme Boi, añadiendo algo de intensidad a una de las pistas), todas muy bien cantadas y adornadas con su visión del mundo. No hay intro, solo la cancioncilla «Hope World», un número dance que hace uso de su libro favorito de la infancia, *Veinte mil leguas de viaje submarino*, de Julio Verne, para presentarlos tanto a él como su punto de vista acerca de la vida.

«Daydream» es la primera de las canciones principales. El vídeo, cargado de color, encaja perfectamente con el aire

---

* «Corazón» en inglés es «*heart*», no «*hearteu*».

funky y enérgico de la canción, y es todo un regalo para los fans de J-Hope, ya que aparece en todas sus facetas, como el Hobi soñoliento, el rapero o el cantante de traje impecable. La otra canción principal, «Airplane», acompañada de un videoclip en el que se mostraba a un J-Hope más meditabundo, tiene un rollo más suave mientras reflexiona sobre cómo le ha ido la vida. Según contó a la revista *Time*: «Estaba sentado en un avión cuando escribí estos versos, en un asiento de primera clase, nada menos, y entonces me di cuenta de que estaba viviendo la vida maravillosa con la que soñaba cuando no era más que un niño y a la que de alguna manera me había acostumbrado. Pero sigo siendo la misma persona que era entonces, el mismo J-Hope».

La *mixtape* es cien por cien J-Hope, y su calidez y su personalidad están presentes en todas y cada una de las pistas. Todo el disco transmite la idea de un chico que disfruta del momento, pero también de alguien sensible a las dificultades y los problemas de los demás. Tampoco se aleja nunca de BTS, pues admite que su éxito se debe al triunfo del grupo; incluso están presentes en los coros de «Airplane».

El rollo positivo, las melodías pegadizas y la profundidad de las letras de *Hope World* parecieron sorprender incluso a los mayores fans de J-Hope. Alcanzó el número uno en las listas éxitos de iTunes en más de setenta países, y llegó a estar entre los cuarenta mejores en la *Billboard 200*. Por su parte, el vídeo de «Daydream» recibió veinte millones de visualizaciones en YouTube en tan solo unos días.

¿Quién no estaría encantado ante semejante triunfo? Aquellos que han estado siguiendo a BTS a lo largo de los años han sido testigos de su evolución como rapero, bailarín y vocalista, pero también han visto todo lo que J-Hope ha aportado al grupo. Además de ser cariñoso y atento a nivel personal, como miembro de BTS aporta energía, emoción y entretenimiento. Es justo lo que él asegura: la alegría del grupo, nuestra esperanza y nuestro ángel.

11

Por todo el mundo

*L*os programas de música tienen diferentes formas de escoger a los ganadores semanales, pero todos siguen un mismo patrón. Toman en cuenta las descargas digitales, las veces que se ha visionado un videoclip, las reseñas de los expertos y la venta de álbumes para seleccionar a los candidatos y, después, permiten que el público vote para decidir el resultado. En el caso de *The Show Choice*, el 15 por ciento de los puntos vienen de los votos del público. BTS se enfrentaba a un gran desafío contra el ganador de la semana anterior, EXID, y la subunidad de Block B, BAS-TARZ; necesitaban que los fans les echaran una mano. Y ARMY lo hizo… magníficamente.

«¡*The Show Choice* número 27 lo ganó BTS! ¡Enhorabuena por ganar vuestro primer programa de música! ¡Esperemos que sigáis así! ¡Enhorabuena también a ARMY!» Este tuit fue publicado por *The Show Choice* de SBS MTV la tarde del 5 de mayo de 2015, confirmando lo que muchos ya sabían: BTS lo había conseguido. «I Need U» les había hecho conseguir su primer programa de música.

Dos días después, volvieron a conseguirlo. Esta vez en *M Countdown* y de nuevo, al día siguiente, en *Music Bank*, ante su completa incredulidad. Ocho días después, ya habían ganado cinco programas, incluyendo *The Show Choice* por segunda vez.

Υ

BOMBA BANGTAN.
AFTER M!COUNTDOWN 1ST PLACE T-T
Solo por si no había quedado claro lo mucho que significaba para ellos conseguir esa posición, aquí está la reacción de los chicos después de su segunda victoria. Con los labios rojos y emborronados, después de hacer un bis con pintalabios como prometieron si ganaban, saltan, hablan efusivamente, se abrazan, se los ve asombrados y Jimin, concretamente, se va a una esquina a llorar un poco. Qué mono.

Con el álbum tocando el número uno de las listas *Gaon* semanales y el grupo listo para actuar en mayo en el Dream Concert 2015, el festival de K-pop que se celebra en el estadio de la Copa Mundial de Seúl y que solo invita a los mejores, no cabía duda de que habían llegado a lo más alto. Era el mejor momento para estar de celebración, con la participación en el segundo *festa* (el aniversario del debut, ¡infórmate!) en junio. Esta vez, los ARMY triplican su número del año anterior y los chicos se embarcan en una convivencia de dos semanas con los fans que les habían ayudado a conseguir el premio.

El *festa* empezó con una canción increíble en YouTube, «Hug Me», una delicada balada versionada que cantó V con una parte de rap de J-Hope. Una vez más, se juntaron todos para cantar durante una hora de retransmisión radiofónica que incluía una versión divertida de «I Need U» en la que la parte del rap y la parte de la línea vocal se cambian, y un segmento en el que deciden qué es a lo que aspiran para el próximo año. Mientras Jimin quería que tocasen en un estadio aun más grande, V soñaba con hacer un viaje en bicicleta juntos, RM sugirió irse de vacaciones en grupo y Jungkook tenía planeado que todos ellos aprendieran *Wing Chun*, un arte marcial chino.

Otras actividades del *festa* aparecieron en diversas publicaciones de Facebook como «fotos de una familia real». En algunas se les veía deliberadamente rígidos e incómodos con la sonrisa forzada mientras posaban con trajes a juego, y en otras aparecían J-Hope, Jimin, Jin y Jungkook uno detrás del otro en la típica pose de «hermano» tonto. Las sorpresas no acababan ahí. Se subieron a YouTube dos nuevos especiales de prácticas de baile. El primero era «War of Hormone» (ver la siguiente bomba Bangtan) y una segunda versión de «Blanket Kick» con los chicos divirtiéndose en modo *aegyo*.

Mientras los ARMY seguían reproduciendo una y otra vez *festa*, se lanzó «Dope» como sencillo, y también con vídeo musical. En agosto de 2017, este vídeo sería el primero de BTS en pasar de los 200 millones de reproducciones, pero en junio de 2015 el vídeo servía para mantener el perfil de BTS actualizado. El vídeo es una sola toma continua con estilo *vintage* Bangtan muy bien grabado. Los chicos están guapos con sus disfraces: RM es un conserje; J-Hope es un conductor de coches de carreras; Jungkook, un oficial de policía; Suga (ahora rubio), un oficial de la marina; V es el Detective Conan; Jin es un médico, y Jimin (cuyo color de pelo J-Hope llama helado de fresa) es un empresario. La coreografía es fantástica. Era la primera vez que trabajaban con el legendario Keone Madrid y es la rutina más intensa, poderosa y sincronizada.

Mientras promocionaban el sencillo, los disfraces se volvieron más aleatorios: J-Hope salía vestido de jugador de tenis, Jin de piloto de avión, Jungkook de ingeniero, Suga de agente secreto, o todos aparecían con uniformes militares. Es como si dijesen: «Podemos ser lo que queramos ser». A medida que el vídeo obtenía visualizaciones, algo más sucedió: la canción llegó al número tres en las *Billboard World Charts*. Fue la mejor actuación de BTS en esta categoría hasta ese momento.

Estados Unidos no era el único país de habla inglesa donde los ARMY crecían con rapidez. A mediados de junio, BTS llevó Red Bullet a Australia, donde las entradas para los conciertos de Sídney y Melbourne se agotaron en minutos. En Australia, BTS parecían relajados. En el programa de música australiano *SBS Pop Asia* enumeraron sus animales australianos favoritos, se imitaron los unos a los otros (RM también hizo una buena imitación de Marge Simpson) e incluso probaron la famosa pasta de untar australiana Vegemite. A Jin le gustó, pero J-Hope… ¡por una vez no sonreía!

110

BOMBA BANGTAN
«호르몬전쟁» DANCE PERFORMANCE
(REAL WAR VER.)

Más de veinte millones de visualizaciones no mienten. Este segundo regalo del *festa* es uno de los favoritos de ARMY. Es una coreografía de «War of Hormone», pero totalmente nueva. Esta es la versión «los chicos se desmelenan», a lo que ellos llaman «la guerra real», y están dispuestos a pasárselo lo mejor posible. Da igual quién es tu *bias*, todos se lo pasan bien, pero es difícil ignorar a V, ¡se lo está pasando como nunca!

Como si se estuviera convirtiendo en algo habitual, se formó una larga cola desde la mañana del día anterior en cada uno de los conciertos de Australia. Merecía la pena la espera. El vídeo de apertura, en el que se pasaba lista como si estuvieran en clase y ellos no aparecían, enseguida acrecentó el entusiasmo y los fans dieron la bienvenida a sus ídolos con gritos, chillidos, consignas y agitando palos de luz. En una apertura impresionante, hicieron un popurrí de «N.O», «We Are Bulletproof Pt. 2», «We On» y «Hip Hop Lover», antes de bajar el ritmo con «Let Me Know» y «Rain».

Pese a que las canciones casi no se oían con el ruido del público, fueron certeras y los bailes, geniales. Entre uno y otro, algunos miembros interrumpían para intentar decir algo en inglés. El concierto, de veinticuatro canciones, avanzaba y, a las dos horas, hubo varias sorpresas. Los chicos presentaron una sección de karaoke para cantar con las fans «Miss Right» y «I Like It», y luego jugaron a piedra, papel, tijera para ver quién bailaría el clásico K-pop «The Gwiyomi Song». Para el cierre cantaron «I Need U» y «Boy in Luv», pero no había forma de que el público australiano (ni ningún otro) los dejara marcharse.

El bis empezó con otro vídeo, esta vez de cuando los Bangtan Boys se preparaban para el predebut, y entonces cantaron «Dope» por primera vez en directo, antes de acabar con

111

la enérgica «Boyz with Fun» y «Rise of Bangtan». En Sídney, salieron del escenario uno por uno: Jimin se quedó el último y otro miembro del grupo tuvo que salir para sacarlo. El público y la banda estaban eufóricos, pero completamente exhaustos.

Y así pasó la Red Bullet y BTS volvió a Estados Unidos. Eso significaba comida rápida, hamburguesas, batidos, perritos calientes, dónuts y comida coreana tan buena como en casa… ah, y el pequeño problema de que los ARMY estaban impacientes por ver a sus ídolos. Para demostrarlo, agotaron las 12.500 entradas en minutos.

Mientras los ARMY se adueñaban de Times Square con un *flash mob*, el grupo viajó a Nueva York por primera vez para actuar el 16 de julio de 2015 en el Best Buy Theatre (ahora llamado PlayStation Theatre). El público los recibió con el fervor habitual y los fans levantaron un cartel que decía, en coreano: «Solo un día un BTS», lo que hizo que los chicos sonrieran. Sin embargo, a la noche no le faltó controversia. Después de volver para hacer un bis, el grupo tocó solo una canción y luego se marcharon de repente. Aún peor, cancelaron el evento de *hi-touch* (en el que los fans pueden chocar los cinco con su miembro favorito). Al parecer había cierta preocupación por la seguridad del grupo, que había recibido amenazas por las redes sociales y, aunque se probó que no tenían fundamento, el agente de BTS decidió no tentar a la suerte.

112

Los ARMY se adueñaron de Times Square con un *flash mob*.

Sin embargo, el espectáculo dejó una buena impresión a los asistentes. En la reseña de *Billboard* se dijo que admiraban como el grupo, a diferencia de otros grupos de K-pop, no se había quedado solo con bailes sincronizados, sino que también le daban su propio estilo desde la tercera canción. Jeff Benjamin, el especialista del K-pop de la publicación, remarcó lo natural y divertido que había quedado el espectáculo por esas diferencias.

La gira siguió el 18 de julio en Dallas y el 24 de julio en Chicago, antes de aterrizar otra vez en Los Ángeles el 26 de julio en el Club Nokia, con un aforo de 2.300 personas. Allí, Suga dijo a la multitud que la ciudad era su «segunda casa» y volvieron a revolucionar el lugar. Tony, su mentor de *Ame-*

rican Hustle Life, que los miraba y los esperaba, celebró el reencuentro subiendo una foto con la banda a Instagram y Twitter con el texto: «Fantástica actuación, los chavales arrasaron anoche en el Club Nokia».

Como todas las multitudes en la gira Red Bullet, la de Los Ángeles estaba emocionada y eufórica, pero algo entre los fans había cambiado. Un año antes, cuando tocaron en la ciudad en el concierto *American Hustle Life* «secreto» o en KCON, los chicos habían tocado para un público americoreano mayor. En 2015, aunque los americoreanos todavía representaban la mayoría, había diversidad étnica entre los fans ¡e incluso chicos y gente mayor! Ya no eran un nicho, BTS se estaba volviendo cada vez más famosos.

En América del Sur y en Centro América, ya hacía tiempo que la cultura K-pop había calado en todos los corazones. Todavía se debate qué es lo que hizo que el *hallyu,* la «ola coreana», se asentara con tal fuerza allí. Por supuesto, como en otras partes del mundo, en América del Sur las fans veían grandes cantidades de material K-pop de gran calidad en línea (canciones, programas, vídeos), pero ahora estaban encantadas de que BTS, en carne y hueso, estuvieran en camino.

Desde finales de julio hasta principios de agosto hubo conciertos en México, Chile y Brasil en las salas de conciertos más grandes que había aparte de las de Japón, y la gente acudió en manada a las actuaciones, no solo de esos países, sino también de los países adyacentes como Argentina, Perú y Colombia. El entusiasmo de las fans dejó huella en los chicos. Jungkook escogió el concierto de São Paulo como lo más destacable de la gira, mientras RM señaló a las ARMY chilenas y brasileñas como las fans de BTS más apasionadas del mundo.

Sin embargo, llegó la hora de volver a casa. La gira Red Bullet tocaba a su fin, con solo dos conciertos más en Tailandia y Hong Kong. En once meses, BTS había tocado en salas de conciertos llenas hasta los topes en catorce países diferentes de los cinco continentes. No había nada que los parase.

113

JIMIN

FICHA TÉCNICA

Nombre: Park Jimin
Apodos: Jimin, Jiminie, Little Prince [Principito], Chim Chim, Dooly, Mochi, Manggae, Ddochi
Fecha de nacimiento: 13 de octubre de 1995
Altura: 1,73 metros
Educación: Centro de educación infantile Heodang, Centro de primaria Yoonsan, Instituto de Arte de Busan, Korean Art High School, Global Cyber University
Horóscopo chino: Cerdo
Signo zodiacal: Libra

12

Park Jimin: ¡tiene *jams*!

*P*ark Jimin fue la pieza que completó el rompecabezas de BTS y llegó pocos meses antes de que la formación del grupo estuviera confirmada. Su habilidad para el baile era electrizante, tenía una voz con muchísimo potencial y aspecto angelical. Y, sin embargo, en Big Hit sentían que él no era la pieza que faltaba. Durante la presentación de *Love Yourself: Her*, confesó que, durante el breve periodo que duró su entrenamiento, fue expulsado del grupo ocho veces (V cree que fueron, más bien, quince), y Suga cree recordar que casi se quedó fuera del grupo el día antes de su debut. Ahora intenta imaginar BTS sin Jimin.

No se trata solo de que su voz sea ahora un ingrediente esencial de las canciones de BTS o de que sus bailes destaquen en los conciertos y en los vídeos, sino que, además, es uno de los integrantes más divertidos y juguetones del grupo. Actualiza muy a menudo las redes sociales de BTS y mantiene al día a los ARMY con mensajes, fotos y vídeos. A pesar de que RM insinuó que Jimin no era nada gracioso cuando pronunció la famosa frase en la que afirmaba: «*Jimin, you got no jams* [Jimin, no tienes gracia]», todos los ARMY saben que Jimin tiene gracia para dar y vender.

Jimin describe como feliz su infancia en la ciudad portuaria de Busan, en Corea del Sur. En casa, se divertía con su hermano, que solo es un par de años más joven, y jugaban juntos o veían películas. Parece un niño pequeño cuando recuerda que quería ser chef, pirata o piloto de la nave espacial Galaxy Express 999*. Era igual de risueño en el colegio, disfrutaba estudiando y se llevaba muy bien con sus compañeros.

Dice que se enamoró del baile cuando entró en la adolescencia, durante el segundo curso de secundaria. Inspirado por la superestrella del pop coreano, Rain, empezó a pensar en convertirse en *idol*. Cada vez pasaba más tiempo en la academia de baile a la que iba después de clase y, cuando llegó el momento de elegir a qué instituto ir, ya había tomado una decisión. Iría al Instituto de Arte y Danza Contemporánea de Busan. Entonces, en primavera de 2012, siguiendo el consejo de su profesora de danza de secundaria, probó suerte en Big Hit.

Durante una entrevista en 2013, Jimin contó a la revista *Cuvism*: «Era el primer castin que hacía en toda mi vida y las manos me temblaban una barbaridad cuando abrí la puerta. Recuerdo que la voz también me tembló mucho cuando estaba cantando, pero, como llevaba bailando desde que era muy joven, bailé con mucha seguridad. Canté "I Have a Lover"». RM le ha tomado mucho el pelo por esto porque, en aquella época, esa era la canción más popular entre la gente de su edad, aunque Jimin dice que, por aquel entonces, todavía no sabía cantar y que, sencillamente, no tenía ni idea de qué canción escoger.

En mayo de ese mismo año, estaba de camino a Seúl para empezar el entrenamiento. Jimin recuerda que J-Hope fue el primero al que conoció y que le invitó a entrar en la habitación diciendo: «¡Vamos a trabajar a tope juntos!». Y pronto se daría cuenta de cuánto trabajo había por hacer. Después de unirse a Big Hit, Jimin se trasladó a Seúl para continuar sus estudios y acabó en el mismo instituto en el que estaba V. Ambos se iban por la mañana vestidos de uniforme (Jimin llevó el uniforme real de V en el vídeo de «Graduation Song»). Aunque iban a clases diferentes, V ayudó a su nuevo y tímido amigo y animó a sus compañeros a que hablaran con él.

> Era mi primer castin y me temblaban las manos.

* Da nombre al manga creado por Leiji Matsumoto en 1977.

Suga recuerda que lo primero que pensó de Jimin fue que debía bailar o cantar de maravilla, porque aquel chico con algo de sobrepeso y gafas gruesas, desde luego, no es que tuviera mucho estilo. Pero pronto descubriría otra de sus facetas: su determinación. Jimin podía pasar un día entero en el instituto, practicar hasta las tres o las cuatro de la mañana y todavía encontraba algunas horas para dormir antes de ir a clase de canto durante una hora, para, a continuación, volver al instituto de nuevo.

Aunque era muy duro, Jimin valoraba mucho su entrenamiento. En su entorno se dieron cuenta de que era un perfeccionista y de que tenía muchas ganas de progresar. También le gustaba pasar tiempo comiendo con los demás. Dice que aún lleva en la cartera la entrada de un parque de atracciones, como recuerdo de uno de sus primeros viajes con el grupo.

Cuando, antes de su debut, le asaltaron las dudas, parece que fueron los demás integrantes del grupo quienes lucharon por que se quedara y dice que, en los días más difíciles, lo que le ha hecho esforzarse y creer en sí mismo ha sido la confianza que los demás depositan en él. Incluso reunió la confianza necesaria, junto con el apoyo del resto de miembros, para rechazar los nombres artísticos que Big Hit había sugerido para él, entre los que se incluían Baby J y Young Kid. Dijo que esperaba algo mejor, así que, en lugar de eso, utilizó su nombre auténtico.

Cuando llegó el momento de su debut, Jimin asumió el papel de bailarín. Tenía que corretear entre sus compañeros y, aunque era emocionante, le desquiciaba un poco pensar que podía golpear a sus amigos. Fue entonces cuando llegaron «los abdominales de chocolate», que es como se llama a los músculos del estómago cuando están tan tonificados que parecen una tableta de chocolate. Al principio, a Jimin, que es tímido por naturaleza, le daba vergüenza enseñar su torso desnudo en el escenario, pero también le gusta complacer a su público y,

117

En su entorno se dieron cuenta de que era un perfeccionista y de que tenía muchas ganas de progresar.

en el primer *festa*, J-Hope confesó que, cuando Jimin vio la respuesta que obtuvo al exhibir sus abdominales, su timidez desapareció enseguida. Cuando decidieron que se quitaría la camiseta durante su actuación en los MAMA de 2014, su determinación volvió a aflorar y empezó a hacer incluso más ejercicio. Llegaba a ir al gimnasio antes de irse a dormir, incluso cuando estaban de gira en Asia.

El aspecto de Jimin ha cambiado más que el de ningún otro integrante de BTS durante sus cinco años de ascenso al estrellato. Era el chico regordete al que sus amigos del colegio apodaban Ddochi, por un personaje de dibujos animados, un avestruz que hinchaba sus carrillos. Los ARMY le llaman *manggae* (pastelito de arroz) porque les encanta su cara mofletuda. Sin embargo, cuando se lanzó el vídeo de «Blood, Sweat & Tears», surgió un Jimin diferente. Tras seguir una dieta estricta, perdió los rasgos de cachorrito. Ahora es un chico que se preocupa por su aspecto (y no es el único).

Ya sea por sus labios, carnosos y suaves, que consiguen el gesto y la sonrisa perfecta, por sus enormes ojos, en los que queda tan bien el lápiz de ojos negro, o por su sedosa melena, que tantos suspiros robó cuando se tiñó de rosa chicle, Jimin tiene lo necesario para volver loco al público. También sabe cómo ganarse a los fans desde el escenario. Tony Jones, su mentor en *American Hustle Life* y el primero en bautizarle como Chim Chim, acertó de pleno en una entrevista para la página web *MoonROK*, cuando dijo: «Cuando está actuando y guiña un ojo, se mete al público en el bolsillo. Es muy positivo, diría que encantador… y sabe darle al público lo que quiere». Solo hay que ver vídeos de él en el escenario mientras se aparta la camisa de los hombros para saber que tiene al púbico comiendo de su mano.

También ayuda el hecho de que sea un bailarín sensacional. Aunque había estudiado danza contemporánea en el instituto, cuando empezó a trabajar para Big Hit se pasó al *street dance*, y puede que sea esa base de danza contempo-

118

Cuando Jimin vio la respuesta que obtuvo al exhibir sus abdominales, su timidez desapareció.

ránea lo que añade elegancia al estilo hip-hop de BTS. Solo hay que verle bailar con los ojos vendados la canción «Boy Meets Evil» durante su actuación en los MAMA de 2016, su increíble solo en «Butterfly» o sus delicados movimientos junto a Twice's Mina and Momo en el especial de televisión de fin de año *SBS Gayo Daejun* en 2016. Para ser un chico tan tímido, se viene arriba del todo cuando actúa. Ha llegado al punto que los demás bromean con que parece que acapara el centro del escenario durante las actuaciones en directo.

BOMBA BANGTAN
CORTO ESPECIAL DE WINGS –
«LIE» (BAILE DE JIMIN)

Este es un vídeo de Jimin bailando la canción «Lie», que compuso para el álbum *Wings*. Muestra perfectamente sus habilidades para el baile, ya que lleva a cabo, con mucho control, una coreografía en la que se aprecia elegancia, pasión y una coordinación increíblemente técnica de sus pies. Es un vídeo muy emocionante porque Jimin se entrega con tanta energía que, cuando acaba, tiene que tumbarse y, a juzgar por los comentarios de BTS, ¡no fue el único!

119

Sin embargo, no hay duda de que Jimin tiene sus inseguridades. Durante la promoción de *Wings*, explicó que se le hizo difícil cantar «Lie», debido a que había tenido que alcanzar notas muy altas y avisó a sus fans de que nunca sería capaz de cantarla en directo. Pero, por su puesto, lo hizo (y de maravilla). Por otro lado, durante su viaje a Hawái, cuando los chicos miran las estrellas y piden un deseo, el de Jimin es cantar bien. Jungkook responde, inmediatamente, que canta bastante bien y Jin le contesta que canta perfectamente. Después de todo, es el chico que cantó «Serendipity», que hizo un magnífico dueto con Jungkook cantando la canción «We

Don't Talk Anymore» y cuyos impecables tonos embellecen muchas de las canciones de BTS.

La obsesión de Jimin por los *selca* (selfis) proporciona a los ARMY una gran cantidad de fotos maravillosas. Hace poco, su amor por los selfis le ha llevado a mostrar interés por las fotos instantáneas Polaroid. Ha llegado a decir que hojear la colección de Polaroids (las guarda en un libro) que ha hecho de él y de otros integrantes del grupo ocupa uno de los primeros puestos en su lista la felicidad.

Los ARMY también tienen su propia lista de los mejores momentos de Jimin y la mayoría de ellos son gifs en los que sale supermono, sonriendo, con mirada tímida, jugando con su pelo o mostrando esa sonrisa traviesa. Muchas publicaciones acumulan miles de notas en Tumblr y a nadie le sorprede que muchos de los ARMY se refieran a él como el hada reclutadora del grupo, ya que atrae a muchos de los nuevos fans.

Ha asumido voluntariamente el papel de rey de las redes sociales de BTS y esto se ha traducido en una gran relación con los ARMY. En 2017, cuando habló abiertamente sobre su dieta extrema y sobre cómo le afectaba durante los ensayos de baile, los ARMY se aseguraron de que el *hashtag* #JiminYouArePerfect se extendiera por todo Twitter. En 2018, inesperadamente, consiguieron que el *hashtag* #ThankYouJimin se convirtiera en tendencia a nivel mundial. Esto cogió a Jimin totalmente por sorpresa, lo que le llevó a responder: «¿Y esto? Je, je, he entrado en la cuenta porque quería publicar algo y lo he visto».

Entre los vídeos más preciados de los fans de Jimin se encuentran los siguientes: el episodio de abril de 2017, «Eat Jin», en el que canta «Butterfly» mientras Jin toca la guitarra; el episodio para *Run BTS!*, en el que su castigo por llegar el último en una carrera de karting incluyó bailar «Blood, Sweat & Tears» mientras le empapaban de agua y limpiar el suelo; cuando juega con el gato Brandley en 2017 *Summer Package* y el momento en que, en el programa *American Hustle Life*, se inclina hacia la cámara para decir «Excuse me» con un acento británico adorable (hay un vídeo en *YouTube* en el que ese momento de cinco segundos se repite en bucle durante cinco minutos). Como él mismo dijo en el programa coreano *After Show Club*: «¡El inglés no es una barrera si eres tan mono como yo!».

¿Quién no querría a un chico tan adorable y bromista? El resto de los integrantes de BTS seguro que sí, aunque le toman el pelo continuamente. Jimin comentó que era el especialista del grupo en ser «al que toman el pelo». Siempre le recuerdan que es el más bajito de todos (aunque lo cierto es que Suga le sigue muy de cerca), que tiene las manos diminutas (las tiene bastante pequeñas) y que está, todo el rato, pasándoselas por el pelo (se declara culpable). Pero ¿a quién acuden todos cuando están estresados? Parece que la habilidad de Jimin para escuchar los problemas de los demás es uno de los elementos clave que hace que BTS sea un grupo tan fuerte.

> «¡El inglés no es una barrera si eres tan mono como yo!»

Jungkook es el bromista por excelencia. Es un papel un tanto raro para el *maknae*, pero puede que se salga con la suya porque Jimin le quiere como a un hermano pequeño. Y tampoco es que Jimin no las devuelva. A menudo, acusa a Jungkook de copiarle: nacieron en la misma ciudad, llevan los mismos pendientes y llevan las lentillas del mismo color. Suelen meterse el uno con el otro y, en noviembre de 2017, se fueron de viaje juntos a Japón. Se puede ver el vídeo de sus vacaciones en YouTube, grabado y editado por Jungkook (así que, básicamente, solo sale Jimin) y lo llamaron *G.C.F in Tokyo*.

Si Jungkook es el hermano pequeño de Jimin, entonces V es su gemelo. Juntos, formaron la Generación del 95. Fueron juntos al instituto, se graduaron juntos (se puede escuchar la canción «95 Graduation», que grabaron porque no pudieron asistir a la ceremonia) y continuaron siendo los mejores amigos cuando BTS se hizo estratosférico. Se les puede ver en todas las bombas Bangtan bailando, gastándoles bromas a sus compañeros y jugando a pelear. Se envían tuits emotivos, se preocupan si alguno se cae en el escenario y V llegó a regalarle a Jimin por su cumpleaños un jersey de Gucci que le costó miles de dólares. Su vídeo de V-Live «Mandaggo», que muestra las diferencias entre el dialecto de Jimin (de Busan) y el de V (de Daegu), deja más que claro lo cómodos que se sienten cuando están juntos.

Al final de su serie *Bon Voyage*, V lee una carta a Jimin. Rememora cómo empezaron juntos en el instituto y lo amigos que han sido desde entonces. Y sigue: «Cuando lloro en el baño, tú lloras conmigo. También vienes a verme al amanecer para reírte conmigo. Te preocupas por mí y me llevas en tus pensamientos. Te esfuerzas conmigo y me comprendes». Y entonces, solloza.

Desde los días de entrenamiento, Jimin ha pasado de ser un chico mono a ser un hombre guapo. Ha crecido en muchos aspectos, aunque no ha perdido la insensatez y el sentido del humor propios de la juventud. Además, de la misma forma que ha demostrado ser un gran bailarín y cantante, ha dejado claro que es un amigo leal y cariñoso, tanto para los miembros del grupo como para los fans. Sin duda, es una pieza esencial del rompecabezas de BTS. Y, como a los ARMY les gusta decir: «*Once you Jimin, you can't Jimout!*».

Es un amigo leal y cariñoso para el grupo y para los fans.

13

Hombres a la carrera

$\mathcal{L}$legados a este punto, podríamos describir a BTS ya no solo como *idols*, sino también como estrellas internacionales que atraen a miles de espectadores en los conciertos que dan a lo largo y ancho de todo el mundo. Algunos fans, en la intimidad, podrían haber temido que la fama les hubiera cambiado. Al fin y al cabo, este es un grupo que escribía canciones de sus propias experiencias de juventud, y que, a través de la sinceridad y de la comunicación, había construido una relación única con los ARMY. ¿Se vería todo esto afectado a medida que crecía su público y se volvían más y más famosos?

No con estos chicos. Una de las primeras cosas que hicieron al regresar a Seúl, fue llevar a un grupo de fans al cine. ¿Sabes de algún otro grupo que haya hecho algo similar? Además, BTS estaba manteniendo con esto una promesa que hicieron antes de sacar el disco *I Need U*. Por aquel entonces, se comprometieron a llevar algunos fans a una noche de cine si ganaban un programa musical (fue idea de V). Y ahí estaban, fieles a su palabra.

Elegir película fue fácil. Después de recibir buenas críticas por su mezcla en solitario y por colaborar con Warren G en «P.D.D», en Marvel invitaron a RM para que colaborara en la banda sonora de su película *Los 4 Fantásticos*. El tema resultante, en el cual colaboró con Mandy Ventrice, una cantante estadounidense que había trabajado con Snoop Dogg, Jay-Z y Kayne West, fue «Fantastic». Así pues, junto con 200 fans, que seguro que estaban más interesados en quienes se sentaban en la fila de delante que en la película de superhéroes, el 12 de agosto, los chicos asistieron a una proyección especial en los cines CGV de Wangsimni, Seúl, para mostrar su apoyo (¡y chinchar un poco!) a su líder.

No obstante, la diversión no podía durar para siempre, y en poco tiempo, estos Bangtan tan trabajadores tuvieron que volver a coger un avión hacia Japón. El mes de julio anterior, BTS consiguió su primer número uno de Japón con «For You», un tema compuesto exclusivamente en japonés. La canción tenía un suave y lírico fluir, y un ritmo lento provisto de una base, por extraño que parezca, hecha por un piano que toca un continuo de acordes agudos y una especie de silbato. Es pegadiza y suave, y el videoclip es una verdadera joya. ¡Vale la pena verlo aunque sea solo para ver a Jungkook con un enorme traje de osito de peluche!

BOMBA BANGTAN
400-METER RELAY RACE @ISAC

Tras perderse el programa *Idol Star Athletics Championship* de febrero de 2015 por estar de gira en Japón, BTS vuelve con muchas ganas a la competición de agosto para defender su posición como reyes de la carrera de relevos. Con un equipo compuesto por Jimin, Jungkook, V y J-Hope, y viéndose las caras con Seventeen, B1A4 y Teen Top, nuestros chicos tenían muchas esperanzas de ganar. Echa un vistazo a esta bomba para ver si fueron capaces de derrotar a sus rivales del mundo del K-pop.

En contraste con la oscuridad de «I Need U», la sensación aquí es de calidez y de buen rollo. En las partes más suaves de la coreografía, los chicos van vestidos de blanco y negro, diferenciándose bastante de su estilo habitual, y tampoco vemos casi ni rastro de movimientos hip-hop. De nuevo, vuelven a encontrar sosiego en la compañía de los demás, pero esta vez, como vía de escape de la monotonía de sus trabajos: Suga reparte pizzas, Jin limpia coches, V trabaja en una tienda, J-Hope es camarero, Jimin friega platos, RM todavía está en la gasolinera y un Jungkook disfrazado de peluche de oso está repartiendo folletos. Qué monos.

Tras cerrar la gira con un apoteósico concierto en Hong Kong el 29 de agosto, había llegado un momento muy especial: ¡Jungkook iba a convertirse en un hombre Bangtan! Cumplió dieciocho años el 1 de septiembre de 2015 y, al caer la medianoche, los otros miembros le sorprendieron con una tarta de cumpleaños de fresa, y la promesa de algunos regalos que iban desde unas Timberland (J-Hope) hasta un beso (Jimin). Mientras tanto, los ARMY le felicitaron del único modo que podían: haciendo que #HappyJungkookDay llegara a ser tendencia de Twitter a nivel mundial.

En septiembre, poco más de un mes después de irse de Estados Unidos, BTS volvió para hacer algunas actuaciones cortas en el Highlight Tour, como parte de su asociación con la marca de ropa informal Community54. Actuaron en San Francisco, Atlanta, y, por primera vez, viajaron a Canadá. Aunque cantaron con su característica energía y carisma las canciones «N.O», «Boy in Luv», «Dope» y «I Need U», no tuvieron casi nada de tiempo en el escenario para poder comunicarse con el público, lo que, juntamente con una mala organización de los eventos, derivó, desafortunadamente, en que muchos de los fans asistentes no tuvieran una experiencia muy positiva.

Al mismo tiempo que seguían cantando en festivales de Corea durante todo el otoño, la publicación de unos enigmáticos avances hicieron que todas las miradas se centraran en su siguiente regreso. Las imágenes tenían por título «Je Ne Regrette Rien» (que en francés significa «no me arrepiento de nada»), y transmitían una sensación de ligereza. Lejos quedaban los ceños fruncidos, y se podía entrever, incluso, cierto aire juguetón en algunas de las imágenes. De hecho, estas fotos conceptuales eran, podría decirse, las mejores que habían publicado hasta el momento. En las imágenes que se tomaron en paisajes rurales, los chicos parecían estar muy a gusto consigo mismos, mientras que otras imágenes muestran un escenario más industrial y un estilo mucho

125

Estas fotos conceptuales eran, podría decirse, las mejores que habían publicado hasta el momento.

más punk; no obstante, aunque un RM con pelo rosa y un Suga con pelo color menta trataran de poner cara de tipos duros, no podían evitar que se les escapara la sonrisa.

¿Quieres ver algo todavía más espectacular? Busca «BTS on Stage: Prologue». Deberías encontrar un vídeo de doce minutos de duración publicado por Big Hit. No te preocupes por la barrera lingüística, mirar y escuchar es más que suficiente para dejarte embelesado. Este vídeo, lanzado sin previo aviso a principios de octubre, fue un éxito inmediato entre los ARMY, quienes, por descontado, no tardaron en elaborar sus propias teorías sobre qué era lo que pasaba en él.

Tal como empieza el vídeo, nos encontramos a V, empapado de sangre, limpiándose. Esto nos lleva fácilmente a suponer que se trata de la secuela del vídeo de «I Need U», en el que V reaccionó violentamente, ¿puede que incluso llegando a matar al maltratador de su padre? Tras un cambio de plano, nos encontramos con los chicos pasando el rato juntos y divirtiéndose en un último y alocado viaje de carretera. Hay cierta atmósfera de desenfreno salvaje, ya que vemos cómo hacen pulsos y luchan con espadas, pero también percibimos la presencia de un tono desolador en el trasfondo de la obra, que podemos percibir en la música y la vista desde la videocámara de Jin, en especial, en el momento en el que V salta desde un embarcadero y se hunde en el mar al final del vídeo.

La mayoría de las teorías asumen que esta es una historia de fantasmas. Big Hit publicó, pero después sustituyó, una versión en la cual, al final de los créditos, Jin está solo en la playa observando una foto que estaba en la guantera de RM. Suga ha desaparecido en la foto. ¿Podría ser que, aparte de V, algún otro, o quizá todos ellos, murieran al final del videoclip? ¿Está Jin intentando revivir una época o unas emociones que experimentó en el pasado?

Sea cual sea la teoría, este vídeo sirvió como una perfecta presentación para el nuevo álbum. Los chicos lucían espectaculares, vestidos con ropa informal, a la vez que llenaban

126

cada escena de carisma y energía. La cinematografía dio en el clavo, y el avance de los cuatro temas del nuevo miniálbum sirvieron de banda sonora y quedaron de maravilla.

El 29 de noviembre de 2015, 900 días después de su primer debut, BTS actúa la última de una serie de tres noches de actuaciones en el pabellón olímpico de balonmano de Seúl. Este estadio, con capacidad para 5.000 espectadores, era el mayor escenario en el que había actuado nunca en Seúl, aunque, por supuesto, las entradas para cada una de las noches se agotaron al instante. Utilizaron para esta ocasión un enorme escenario con forma de T, e incluso unos pasillos, por los cuales podrían moverse. Interpretaron unos nuevos arreglos de «No More Dream» y de «N.O», los cuales, menos limitados por su estricta coreografía, pudieron representar en línea recta, lo cual les daba la oportunidad de interactuar de un nuevo modo con sus fans.

> Por supuesto, las entradas para cada una de las noches se agotaron al instante.

Quedó patente que se trataba de un enorme «gracias» para los ARMY y su cariño cuando presentaron en primicia sus nuevas canciones. No en un programa de televisión musical, ni en un vídeo *online*, sino delante de esos mismísimos seguidores. «Vosotros, chicos, sois los primeros en todo el mundo que escucharéis y veréis estas canciones», fue el modo en el que Suga anunció el nuevo sencillo, «Run». Frente a un coro de devotos armados con varitas de luz, también cantaron, por primera vez, «Never Mind», «Butterfly» y «Ma City». Si tomamos la reacción el público como vara de medir, el nuevo miniálbum iba a ser un éxito abrumador.

El *Korea Herald* informó que, en la rueda de prensa para los conciertos, RM habló de las nuevas canciones: «Todos podemos tropezar y cometer errores, sin importar lo viejos que seamos, pero creo que la sociedad se ha vuelto demasiado dura en el modo en que los juzga —prosiguió—. Queríamos decir que no pasa nada si nos caemos, no pasa nada si nos hacemos daño; lo único que hay que hacer es volver a ponerse en pie y seguir corriendo». El mensaje de «jamás te rindas» ya lo habían lanzado en el tráiler de álbum. Venía acompañado de unos contornos simples y estilizados, y de unos colores atrevidos, y se puede ver a un chico, una pelota de básquet y una canasta; además, vemos a una mariposa con un Suga más pasional y sentido que nunca, que reflexiona sobre su juventud y envía, en un desgarrador grito, el mensaje clave: «Si crees que vas a chocar, acelera».

El día después del concierto en el pabellón de balonmano, llegó la presentación del videoclip de «Run». Este consiguió cerca de dos millones de visualizaciones en YouTube en sus primeras veinticuatro horas. «Run», una especie de secuela de «I Need U», era otro *collage* de nuestros chicos pasándoselo bien, de fiesta, emocionándose y armando líos. En estos cinco minutos de acción llena de energía en la que los chicos malos de BTS vuelven a pintar vagones, hacer grafitis y pelear, vemos desde la caída de espaldas de V hacia las oscuras aguas al inicio del vídeo hasta la imagen de Jimin, al final, al que lanzan con toda la ropa puesta dentro de la bañera. Todo esto, cómo no, acompañado de significativas miradas melancólicas. No obstante, el mensaje sobre vivir tu propia vida, caer y levantarte de nuevo consiguió llegar con mucho ímpetu.

128

«Queríamos decir que no pasa nada si nos caemos, no pasa nada si nos hacemos daño; lo único que hay que hacer es volver a ponerse en pie y seguir corriendo.»

The Most Beautiful Moment in Life, Part 2 salió a la venta el 30 de noviembre de 2015. De nuevo, también teníamos la opción de elegir el diseño de la portada: en este caso, podríamos elegir entre melocotón y azul. Además, incluía un libro de fotos entre las cuales contamos con imágenes de los chicos tanto en la naturaleza como en la urbe. Con este miniálbum, BTS demostró su temple y demostró que aquellos que dudaban de ellos estaban equivocados: no solo siguieron escribiendo sus propias canciones de excelente calidad, sino que mejoró la sofisticación tanto de la música como de las letras, gracias a la minuciosa atención que pusieron incluso en los más mínimos detalles de la producción. Más de un crítico aplaudió la gallardía demostrada al ampliar los límites de su estilo musical, y seguir produciendo canciones sorprendentes.

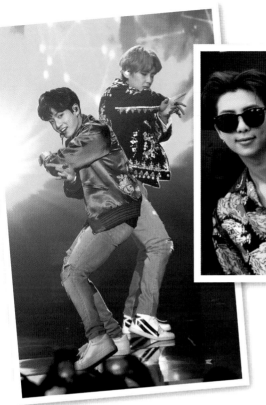

RM, Jimin y J-Hope
molando sin pretenderlo
en los BBMA de 2018.

Jungkook y V durante una
actuación magnífica de
«DNA» en los AMA de 2017.

¡SOPE! J-Hope y Suga actúan
en *Jimmy Kimmel Live!* en 2017.

Jin y Jungkook
arrebatadoramente guapos
en la presentación de *Love
Yourself: Her* en 2017.

Arriba: BTS usan su plataforma para más empresas benéficas. En la foto aparecen promocionando su campaña LOVE MYSELF, en colaboración con UNICEF para acabar con la violencia (#ENDviolence) contra niños y adolescentes. Seúl, Corea del Sur, noviembre de 2017.

Abajo: Momento selfi mientras visitan Music Choice. Nueva York, Estados Unidos, marzo de 2017.

Arriba: ¡*Daesang*! Los chicos afianzan su posición como número uno en Corea. En la foto aparecen aceptando el gran premio de los Seoul Music Awards en enero de 2018.

Abajo: En una conferencia de prensa de la presentación de *Love Yourself: Tear*. Seúl, Corea del Sur, mayo de 2018.

J-Hope, Jungkook, V, Jin, RM, Suga y Jimin arrebatadores ante las cámaras para las fotos de promoción de *Love Yourself: Tear*, en mayo de 2018.

Los chicos de regreso en los BBMA en Las Vegas, Estados Unidos, en mayo de 2018 para recoger el premio al Mejor Artista en Redes sociales por segundo año consecutivo, y para ejecutar una actuación muy especial de «Fake Love». En estas fotos aparecen (en el sentido de las agujas del reloj desde arriba) pasándoselo pipa en la alfombra roja, actuando en el escenario, entre bambalinas con el trofeo y como público.

Arriba: El grupo, más estiloso que nunca, en una foto que salió en junio de 2018 para celebrar el éxito de su álbum en japonés *Face Yourself*.

Abajo: Aquí los vemos en una puesta en escena impresionante de «Fake Love» en *The Late Late Show with James Corden* en Los Ángeles, Estados Unidos, en junio de 2018, demostrándole al mundo entero el talento que tienen y lo lejos que han llegado.

El rap con el que Suga inicia «Intro: Never Mind», que, como ya era costumbre, se había utilizado como tráiler, expone el tema del álbum; mientras, la siguiente canción, «Run», le toma el testigo. «Run» es otro paso hacia delante de su intensivo y exuberante sonido pop, que acerca aún más los raperos a la línea vocal. Con el respaldo de un sutil instrumental festivo, un rap moderado y un coro contundente, parece que BTS ha establecido un nuevo estilo que combina pasión y energía con un estilo sentimental. Del mismo modo, pudimos ver en el vídeo tutorial de la coreografía de «Run», publicado a principios de diciembre, que también su baile había madurado: sin la gesticulación propia del hiphop, podían hacer uso de sus capacidades dramáticas y mostrar más expresividad.

Más de un crítico aplaudió la gallardía demostrada al ampliar los límites de su estilo musical.

La siguiente canción en la lista es la ingeniosamente compuesta «Butterfly», que hace gala de una pista de audio en el fondo que permite a los vocales, en especial a Jungkook y a V, expandirse de un modo suave y dulce a través de la canción, como si de miel se tratara. Más allá de esto, no obstante, se demuestra de nuevo que está floreciendo el don de Suga para componer, y el modo en el que compara el amor con una frágil y elusiva mariposa lo distingue como un creciente poeta en potencia.

La siguiente canción del miniálbum utiliza otro animal para transmitir el mismo concepto. «Whalien 52» trata sobre una ballena de 52 hercios, una criatura inusual que canta a una frecuencia que las otras ballenas no pueden percibir, y que ha sido descrita como la ballena más solitaria del mundo. La melodía es hipnótica y alegre, y, aunque la metáfora no sea tan sutil como la de «Butterfly», Bangtan la convierte en una empática exploración de la sensación de soledad, lo cual, a fin de cuentas, demuestra ser igual de efectivo.

Todos al tren: próxima parada, «Ma City». Este rápido viaje sin parada con un ritmo conductor y una sensación retro, casi disco, es una de las favoritas en directo. A la vez que los miembros del grupo hablan maravillas de sus ciudades natales (con Suga admitiendo que presume de Daegu en todos los álbumes), esta canción es un recordatorio de que, a diferencia de la mayoría de grupos K-pop, los BTS pueden utilizar sus dialectos y no se avergüenzan lo más mínimo de sus lugares de procedencia.

No podemos pasar por alto tampoco la siguiente canción, «뱁새», por el simple hecho de que no tenga traducción directa al inglés. Aunque a veces se la conoce como «Silver Spoon», a menudo se le llama «Try Hard» o «Baepsae». Este último título se traduce como «Picoloro de Webb», la cual es una pequeña ave coreana. Según un dicho coreano, si un picoloro de Webb tratara de andar como la larga cigüeña, dañaría sus patas. Así pues, BTS compara a su generación con un picoloro de Webb, que quieren que ande como la cigüeña, que representa a sus padres, aunque las expectativas hayan cambiado. Este tema con ritmos propios del sudeste asiático es, a día de hoy, uno de los más cargados de rabia de BTS, puesto que RM prácticamente escupe cómo ha sufrido su generación por culpa de los que les precedieron.

El sketch que aparece antes de las dos últimas canciones muestra una relajada conversación en la que hablan sobre lo lejos que han llegado. Algunos dicen que esto es lo mejor del álbum. «Autumn Leaves» (también conocido como «Dead Leaves» o «Fallen Leaves») es otra metáfora que viene a mostrar cómo las hojas que se aferran a las ramas son el reflejo de un amor que se enfría y trata desesperadamente de mantenerse con vida. Con una distribución lineal igualada, esta canción resalta las capacidades vocales de cada uno de los integrantes del grupo.

Los altos estándares de producción se mantienen hasta el final, con «House of Cards», la canción de cierre, en la que comparan lo frágil que es el amor de una aventura amorosa con una precaria estructura construida con cartas. Hasta un acompañamiento de cuerda de ensueño, las voces entran y salen como si de olas se trataran en unas transiciones lo más suaves posibles, entre las que identificamos el falsete de V, la disculpa de Jin, el tono rasgado de Jimin y la voz sensual y casi rota de Jungkook.

BTS regaló a los ARMY de Seúl la primera actuación en vivo de «Run», pero el escenario por su vuelta también fue muy especial. En los MAMA de principios de diciembre de 2015, a pesar de que se les volviera a escapar el gran premio de *daesang* (BIBANG y EXO fueron quienes se llevaron los honores), BTS recibió un premio especial como mejores intérpretes a nivel mundial: uno de los primeros indicios de que su popularidad a nivel global los llevaría a eclipsar a los demás grupos.

Para aquellos que un año antes disfrutaran de la colaboración con Block B, esta vez se unirían junto con GOT7 en un escenario especial. La actuación de «Virtual Boys» empezó con una batalla de rap entre RM y Jackson, de GOT7, seguida por un enfrentamiento de baile entre J-Hope y Yugyeom, ante ambos grupos, BTS de blanco y GOT7 de negro, unidos en una exhibición perfectamente sincronizada. El vídeo del grupo comiéndose el escenario de los MAMA todavía es muy preciado por los ARMY, quizá porque, de entre todos los grupos de K-pop, GOT7 parece ser el más similar a BTS. Así pues, siguiendo BTS con su actuación, pusieron de nuevo a todo el público en pie; MAMA estaba volviéndose un evento muy especial para los chicos.

Una vez consiguieron persuadir a J-Hope para que dijera que el sencillo sería un fracaso, ya no cabía lugar a dudas de que iba a ser todo un éxito. El vídeo ganó premios de los programas musicales *Show Champion* y *The Show Choice*, mientras los chicos estaban ocupados en Japón. Aun así, volvieron a tiempo de actuar en *Music Bank*, en el cual presenciaron cómo su tema ganaba de nuevo, a pesar de encontrarse con una fiera competencia por parte de Psy. ¡Tres victorias en una semana! Y pensar que hacía solo un año estaban desesperados por conseguir aunque fuera una sola victoria. Habían llegado muy lejos.

131

> ## BOMBA BANGTAN
> ## «RUN» CHRISTMAS VERSION
> Suga con un gorro de Santa Claus... Jimin con cuernos de reno... Jin con orejeras de color rosa... Esto no es «Run» tal y como lo conocemos. No hay una trama enigmática, ni maquillaje, ni tampoco coreografías sensacionales; en cambio, nos encontramos con un montón de risas y nos regalan unas imágenes de Jungkook sumido en un dulce sueño y Suga, quien, definitivamente, no estaba «corriendo». Si necesitas un poco de espíritu navideño, esta bomba es justo lo que estabas buscando.

«Run» alcanzó el número ocho en las listas de éxitos coreanas en la categoría de sencillo, mientras que *The Most Beautiful Moment in Life, Part 2* igualó los resultados de *Part 1* llegando a lo más alto de los rankings de los álbumes. En estos últimos, el miniálbum llegó a lo más alto de la *Heatseekers* de *Billboard* y las listas de *World Albums* durante cuatro semanas, todo un récord para el arte de Corea del Sud. Y no iban a dejar la cosa ahí: cuando salió la *Billboard 200* la semana antes de Navidad, ¡BTS estaba el número 171! Aunque diez grupos de K-pop consiguieron llegar a esa posición en el pasado, BTS fue el primer grupo no perteneciente a ninguno de los Tres Grandes en conseguir esta hazaña.

BOMBA BANGTAN
IT'S THE POSE WHEN BTS SLEEP NORMALLY
Si has visto aunque sea una de las entrevistas de BTS, seguro que sabes que lo que más les gusta a los BTS (después de los ARMY, obviamente) es dormir. Así que aquí hay una bomba Bangtan de ellos durmiendo cuando estaban en Chile, o más bien tratando de dormir, o despertándose, o andando con las manos (¡J-Hope es un profesional de andar con las manos!). Lo que sea. Con Jimin a la cámara, asistimos o otro conjunto más de graciosas bobadas con J-Hope, Jungkook y Suga como protagonistas.

En Japón, BTS siguió su exitoso número uno «For You» con una versión en japonés de «I Need U», que llegó al número dos en diciembre. Ese mes, un total de 25.000 fans asistieron a dos conciertos en Yokohama, la segunda ciudad más grande de Japón, en los que se agotaron todas las entradas. Mientras tanto, en Estados Unidos, *The Most Beautiful Moment in Life, Part 2* pasó un total de 16 semanas en la lista *World Albums* de *Billboard*. BTS estaba ganando tracción incluso en Europa, donde recogieron el Best Korean *Act* en los premios europeos de la música de MTV celebrados en 2015.

En casa, una victoria en *Music Bank* al final de la promoción el 8 de enero de 2016 marcó su quinto triunfo desde su vuelta, y su décimo hasta la fecha. El periodo de Navidad, una vez finalizada la temporada de premios, también resultó ser fructífero, puesto que recogieron *bosangs* en los Golden Disc Awards y los Seoul Music Awards. Ese ansiado *daesang* estaba tentadoramente cerca, pero todavía se les escapaba de las manos.

V

Nombre: Kim Taehyung
Apodos: V, Taetae, Human Gucci, Vante
Fecha de nacimiento: 30 de diciembre de 1995
Lugar de nacimiento: Daegu, Corea del Sur
Altura: 1,79 metros
Educación: Centro de educación infantil Changnam, Centro de Primaria Geochang, Instituto Daegu, Korean Art High School, Global Cyber University
Horóscopo chino: Cerdo
Signo zodiacal: Capricornio

14

Kim Taehyung/V: príncipe de la dualidad

$\mathcal{A}$mbos son endemoniadamente guapos, con estilo y les apasiona cantar. Pero aquí terminan las similitudes entre Kim Taehyung y el cantante y bailarín de BTS, V. Sí, puede que sean el mismo chico nacido en el 95 en Daegu, pero la personalidad de Taehyung cambia radicalmente cuando sale al escenario. Si ves cualquier actuación de BTS, te darás cuenta de lo genial, sofisticado y profesional que es V; si ves una bomba Bangtan o un vídeo en el que no están en el escenario, descubrirás un adorable Taetae torpón, que se pasa el rato mareando, haciendo el tonto o perdido en su mundo.

En noviembre de 2016, durante un bis en un concierto de BTS en el Gocheok Sky Dome en Corea, el que se plantó en el escenario frente a los 17.000 fans fue V. Con un discurso desgarrador, explicó que recientemente, cuando el grupo estaba en Filipinas, le dijeron que su abuela había fallecido. Los fans y los miembros del equipo lloraron con él mientras contaba cuánto la quería y cómo había planeado mandarle un mensaje especial cuando el grupo saliera por televisión, pero ahora ya no podría.

Taehyung estaba muy unido a su abuela paterna. Ella lo había criado durante catorce años porque sus padres, los típicos granjeros coreanos, trabajaban todo el día. Era un chico al que le gustaba jugar en la calle, pero que también daba importancia a sus estudios. Entonces, cuando llegó a secundaria, sin llegar aún a ser adolescente, empezó a soñar. Quería ser cantante.

Cuando llegó a secundaria, sin llegar aún a ser adolescente, empezó a soñar. Quería ser cantante.

Siguiendo el consejo de su padre aprendió a tocar un instrumento, el saxofón. Trabajó duro y se convirtió en un buen saxofonista, llegando a ganar el primer premio en una competición regional. Con su meta ya puesta en ser un *idol*, se unió al club de baile y pronto dejó el saxofón para dedicar más tiempo al baile.

Se apuntó a una academia de baile, pero unos meses después de empezar en el instituto en Daegu en 2011, su vida cambió… drásticamente. Cuando Big Hit hizo cástines en Daegu, Taehyung no iba a presentarse, pero fue con un amigo. Allí, atrajo la atención de una trabajadora de Big Hit. Esta le animó a que se presentase, pero Taehyung no quiso porque no tenía el permiso de sus padres. Ella notaba que el chico tenía algo, de modo que llamó a sus padres, obtuvo el permiso y poco después el muchacho estaba en el escenario, bailando, rapeando e incluso haciendo bromas. Él no esperaba que aquello fuera a llegar a nada, pero Big Hit contactó con él y le dijeron que había superado la prueba: había sido el único.

Así que Taehyung se mudó a la residencia de Big Hit y, vistiendo un abrigo rojo acolchado que su madre le había enviado para que destacara, se trasladó a un instituto de Seúl (donde Jimin se le unió). Los días de aprendiz en los que se preparaban para ser *idols* no asustaron tanto a Taehyung como a los otros. Le gustaba la escuela, las clases de baile y, aunque admitió que echaba de menos a su familia, se lo estaba pasando genial con sus nuevos amigos en la escuela y en la agencia. Parecía feliz viviendo el presente, haciéndose a su lugar en BTS con calma y sin preguntarse cuándo debutarían. Aunque era duro e intenso, Taehyung estaba viviendo su sueño y estaba decidido a disfrutarlo.

Aunque era duro e intenso, Taehyung estaba viviendo su sueño y estaba decidido a disfrutarlo.

Por fin llegó el momento de debutar y Taehyung eligió un nombre. No escogió Six o Lex, sino que se decantó por V de victoria, pero algo le sorprendió. Big Hit decidió mantener en secreto que pertenecía a BTS hasta el último momento antes del debut. Pensaban ocultar su identidad y no publicar fotos de él, por lo que no podía grabar *vlogs* como los demás. Fue a las graduaciones de RM y Jungkook, su espalda apareció en el selfi de Jimin (todo el mundo dio por sentado que era Jungkook) y Jimin se llevó el uniforme de V (¡mientras este estaba durmiendo!) para ponérselo en el vídeo de «Graduation Song». El pobre V a veces se sentaba solo y fingía que estaba grabando un *vlog* y, por si eso no fuera lo bastante triste, mientras los otros grababan el último vídeo predebut en grupo, V estaba en la habitación, en una esquina, ¡intentando quedarse fuera del encuadre!

Sin embargo, en cuanto revelaron quién era, V enseguida consiguió fans. Les gustaba la apuesta figura que movía sus gafas durante la actuación de «No More Dream», aunque se dieron cuenta que fuera del escenario era un poco, bueno, raro. Algunas veces hablaba un idioma inventado, tenía un rostro sorprendentemente inexpresivo, movía las manos o hacía comentarios raros como decir que si eligiese un superpoder sería hablar con los coches. Era adorable, y los fans del K-pop tenían una palabra para esa personalidad única y rara: 4D.

En el K-pop existe la tradición de llamar a los artistas «4D», un término halagador que quiere decir que la persona es extravagante y diferente, y además tiene personalidad y carisma. Suga dijo más adelante que en un principio pensó que Taehyung estaba actuando, que personas así no existían, pero se dio cuenta de que su comportamiento único era auténtico, y los ARMY empezaron a llamarle con cariño 4D, Alien o Tae Negro. Sin embargo, a principios del verano de 2015, Taehyung comentó que no le gustaban esos apodos y la mayoría de los fans dejaron de utilizarlos.

A pesar de eso, se ha convertido en el miembro más inconformista del grupo y en una entrevista en 2015 en la revista coreana *The Star*, Taehyung dijo: «No temo parecer feo y estoy agradecido de que [mis fans] me quieran cuando

137

Si pudiera elegir un superpoder sería hablar con los coches.

pongo caras raras. No tengo planes de parecer guapo de una forma que no sea natural. Sería un problema».

Y parece que funciona. Taetae (un apodo que sí le gusta) tiene una relación fantástica con los ARMY. Se ha convertido en una estrella en los encuentros con los fans con su forma única de relacionarse con la gente. En 2017 le dijo a una chica que si le entraba algún chico que no le interesara, podía decirle que estaba saliendo con él. Sin embargo, cuando tiró del pelo a una chica para que le mirara, lo único que calmó la rabia en Internet por ese comportamiento fue el mensaje de la chica, en el que decía que era una amiga y que Taehyung solo estaba de broma.

Este es el chico que se inventó la frase «I purple you», y que explicó en un tuit que como el morado es el último color del arcoíris significa «te amaré para siempre». ¿Quién no le querría? Muchos ARMY lo hacen. En diciembre de 2017, su club de fans, V Baidu, se pasó una semana escribiendo mensajes en Times Square, Nueva York, para celebrar su cumpleaños.

La personalidad de Taehyung se extiende a su gusto en la moda. No hace lo que hacen otros, pero siempre tiene estilo, da igual lo que lleve puesto. Cuando eran novatos, cortaba las camisetas y los pantalones con las tijeras (Jungkook dijo que le había enseñado él). Incluso pidió sugerencias por Twitter para ver dónde hacía los agujeros. Desde entonces ha desarrollado un estilo extravagante pero chic combinando varios estilos que incluyen cualquier combinación de gafas redondas, jerséis de cuello alto, camisas a rayas de manga larga de estilo francés y abrigos grandes. Sin embargo, recientemente el tema de tigres y serpientes ha aparecido con frecuencia, ya que a V le gusta Gucci; no solo la ropa, sino que también las gafas de sol, los anillos, las pajaritas y los relojes. No es raro que uno de los apodos que se ha ganado y que odia sea Human Gucci.

> Taehyung [...] no hace lo mismo que hacen otros, pero siempre tiene estilo, da igual lo que se ponga.

Como todos los miembros, Taehyung le ha dado a los ARMY momentos memorables. *American Hustle Life* hizo memes del clásico malentendido con Jimin «Beach! Bitch?», así como también del intento mal calculado de imitar a Coolio con su grito entusiasta «Turn Up!». Uno de los episodios más queridos de *Star King* (hay un vídeo en YouTube) es él haciendo unos movimientos de baile impresionantes con unos tacones de doce centímetros. Hay varios vídeos que demuestran lo tierno que se pone Taetae con los niños o los bebés, y a los ARMY les encantan los vídeos de *playback* de la aplicación Dubsmash.

Sus tuits también revelan el amor por el arte de V, desde un cuadro de *La noche estrellada* de Van Gogh colgado en la pared de su habitación a la visita con RM al Instituto de Arte de Chicago. También es un gran fan del fotógrafo australiano Ante Badzim, cuyas fotografías simples pero bellas le inspiraron a sacar sus propias fotos. Subió algunas de ellas con la etiqueta #Vante (¡otro apodo!) y consiguió la atención del fotógrafo, quien le dedicó una foto a cambio.

A los otros miembros del grupo les gusta Taetae también, incluso si Jin se queja de que es un poco gritón y Suga dice que a veces no le entiende. La pasión por los videojuegos y un enfoque alegre de la vida lo han conducido a llevarse bien con el experto en videojuegos y *supermaknae* Jungkook, pero puede que la amistad de Taehyung y Jimin sea la más íntima de todo el grupo, y la tan sentimental carta de V en el barco en *Bon Voyage 2* ha mostrado lo agradecido que Taetae está con su coetáneo por su cariño y afecto.

La carta fue oportuna. Jimin parecía estar un poco celoso cuando Taehyung intimó con uno de sus amigos actores y se quejaba de que Taetae siempre estaba diciendo al actor lo mucho que le quería, pero nunca a los miembros del grupo. Taehyung respondió que era porque pensaba en los miembros de BTS como si fueran su familia y a ellos no hace falta decírselo. Además, Taehyung es una persona muy sociable. Tiene muchos amigos fuera de BTS y es frecuente verlo en fotos con otras celebridades y *idols*. Parece que es capaz de hacer amigos donde sea, como con Sungjae de BTOB, el cantante Jang Moon Bok y Park Kyung de Block B durante los descansos.

139

En diciembre de 2017, apareció el último amigo de Tae-tae. Jin estaba grabando un vídeo en directo para su cumpleaños cuando V apareció llevando en brazos al cachorrito más adorable que te puedas imaginar. Enseguida nos enteramos de que era su nueva mascota, un Pomerania al que llamó Yeontan («briqueta de carbón»). A causa del horario ajetreado de BTS, Yeontan se fue del dormitorio para quedarse con los padres de su dueño, pero todavía se ven con regularidad. En la entrevista del *festa* de 2018 Taehyung reveló que ahora el cachorrito lo sigue a todas partes, pero huye cuando él se gira para atraparlo… ¡y que ha ganado peso!

Tiene muchos amigos fuera de BTS y es frecuente verlo en fotos con otras celebridades y idols.

A medida que los ARMY conocían a Taehyung, también se acostumbraban a V. A muchos les sorprendían esas notas profundas y conmovedoras que venían de alguien tan adepto al *aegyo* y a las caras tiernas, pero la tesitura rica de V añadía contraste al registro más alto de los otros vocalistas, aunque también podía llegar a notas altas sin ningún problema. Hay muchos ejemplos de su talento en el canto, pero sus canciones en solitario «Stigma» y «Singularity», su colaboración con RM, «4 O'Clock» o su versión de «Someone Like You» de Adele son exquisitas.

La presencia de V en el escenario es muy asombrosa. Siente cada emoción de las palabras que canta y enciende al público con guiños, sonrisas y miradas, o humedeciéndose los labios, cada cosa en el momento exacto, sin sobreactuar. Baila con fuerza y seguridad, y ha creado un momento de anticipación para el público con gran entusiasmo en «Boyz with Fun», donde los otros miembros (y algunos bailarines extras) tienen que copiar sus movimientos improvisados.

BOMBA BANGTAN
V'S DREAM CAME TRUE – «HIS CYPHER PT. 3 SOLO STAGE»

Cuando J-Hope obtuvo el tercer puesto en la línea de rap de BTS, el estatus de V como vocalista en el grupo se confirmó, pero se quedó como rapero frustrado. Rapea en las salas de ensayo y en los encuentros con los fans, y a veces parece que se pone muy celoso durante los *cyphers* o sesiones de improvisación de rap. Ha admitido que quería cambiar con Suga para el «Cypher Pt. 3», así que imagínate su gozo cuando le dieron la parte del solo para la actuación del *festa* de 2016. Este vídeo muestra no solo lo memorable que es el rap, sino también cómo le ayudan los otros miembros a prepararse para su gran momento.

En 2016, V añadió otro nombre a la lista: Han Sung. Formó parte del elenco del drama histórico de televisión *Hwarang*, que se centra en las vidas y los amoríos de un grupo de jóvenes en Corea hace doscientos años. La representación de Taehyung de un personaje inocente y adorable, el más joven del grupo, cautivó al público (y no solo a los ARMY), especialmente en las escenas más emotivas, y sus compañeros de la serie hicieron comentarios sobre su talento natural y su ética de trabajo.

Gracias al cielo que la trabajadora de Big Hit estaba tan determinada a obtener el permiso de los padres de Taehyung para el castin. Aporta a BTS mucho más que su voz y su don para el baile; aporta una personalidad vibrante, un sentido estético único, estilo y mucho talento a la hora de actuar: esto solo puede hacer que el grupo avance. V y Taehyung: ¡disfrutemos la dualidad!

15

¡BTS *on fire!*

A finales de 2015, justo antes del lanzamiento de *The Most Beautiful Moment in Life, Part 2*, la marca deportiva Puma anunció que iba a patrocinar a BTS. Los patrocinadores son una parte esencial del K-pop y el hecho de que una empresa multinacional tan importante como Puma decidiera trabajar con los Bangtan Boys dejaba claro lo lejos que habían llegado desde su debut. Incluso a pesar de que su primer anuncio, en el que salían con ropa de la marca Puma y bailando en la calle una versión de «Run», fuera un poco cursi.

Como *idols*, los integrantes de BTS han tenido que acostumbrarse a hacer cosas cursis. A principios de 2016, los invitaron a participar, junto al grupo femenino G-Friend, en una canción para El día de la familia, una campaña que animaba a las familias a pasar juntos, al menos, un día de la semana. En YouTube, se tradujo el título de la canción como «Family Song» y, en fin, puede que no sean los mejores tres minutos y medio de BTS (se puede intuir que a Suga no le apetece nada estar ahí), pero están muy monos vestidos con esos uniformes escolares tan elegantes y, si estás buscando una coreografía de BTS fácil de aprender, esta puede servir. El *making of* del vídeo incluye algunas fotografías muy tiernas de los chicos cuando eran pequeños.

En febrero, BTS volvió al programa *Idol Star Athletics Championship*, formando el equipo Beat to the End, con sus amigos GOT7 y el grupo femenino Twice and Bestie. Conservaron su título de reyes, con J-Hope, Jimin, Jungkook y V llevándose el oro en los 4x100 metros y formaron parte de uno de los ocho equipos del torneo de *ssireum*. En este tipo de lucha tradicional coreana, cada competidor lleva puesto un cinturón aflojado, que el oponente tiene que agarrar para derribar a su contrincante. El grupo de V, Jungkook y Jin derrotó a BTOB y a Teen Top, para acabar compitiendo con VIXX en la final. Jungkook ganó el primer combate, pero V no pudo terminar el torneo, por lo que todo acabó dependiendo de Jin, que se enfrentó al cantante Ken en el combate final. Aunque hubo muchas sonrisas, cuando los dos se enfrentaron el uno al otro, el ambiente era bastante tenso. Se movían por el ring, agarrándose el uno al otro como bailarines, hasta que Ken aprovechó el momento y tiró a Jin al suelo. Qué más da, ¡seguía estando guapo!

BOMBA BANGTAN
BTS'S RHYTHMICAL FARCE! LOL

Esta es una de las bombas favoritas de los ARMY de todo el mundo. Detrás de los escenarios, los Bangtan Boys fingen ir encontrándose los unos con los otros, reaccionando de forma exagerada y gritando: «Yahhhh». ¿Qué están haciendo? ¿Practicando un nuevo saludo? ¿Teatro de improvisación? ¿O solo estaban inspirados para hacer el tonto? A saber. Son 90 segundos de sinsentido que querrás ver una y otra vez.

143

También se anunció que el primer concierto de BTS para 2016, *BTS Live The Most Beautiful Moment in Life On Stage: Epilogue*, se celebraría en el pabellón deportivo Olympic Gymnastics Arena, en Corea del Sur, donde, una vez más, los ARMY serían los primeros en presenciar la nueva coreografía en directo. Era su primer concierto ante 15.000 personas, un aforo reservado solo para gigantes del K-pop, y las entradas se agotaron enseguida. El vídeo promocional de los conciertos mostraba a los integrantes del grupo vestidos de traje, ante los focos de los *paparazzi* y recorriendo la alfombra roja. Era una experiencia a la que iban a acabar acostumbrándose en la vida real.

Cada una de las tres nuevas canciones en *Young Forever* fueron lanzadas con sus correspondientes videoclips, empezando con «Epilogue: Young Forever». El vídeo muestra *flashbacks* a «I Need You» y «Run», así como imágenes de cada uno de los integrantes atrapados en un laberinto vallado, del que, en un momento dado, consiguen escapar. La canción va evolucionando, de una sutil declaración de intenciones sobre vivir el presente y disfrutar el momento, sin tener miedo a avanzar, hasta llegar al optimismo osado de un estribillo irresistible, que domina la parte final.

Durante la primera semana de mayo, BTS publicó el videoclip de «Fire». El vídeo, grabado en un almacén abandonado, básicamente muestra a Suga prendiéndole fuego a una figura oscura, llamas descontroladas, un coche estampándose contra el suelo y muy buenas actuaciones. Tanto la mirada desorbitada de Junkook como V jugando a los videojuegos e, incluso, los «¡Oh!» de Jimin son algunos de los momentos clave que demuestran que han adquirido un nuevo nivel de confianza ante la cámara. El vídeo llegó al millón de visualizaciones en solo seis horas y, en dos días, había alcanzado los diez millones. Era la mejor reacción hasta la fecha.

«Fire» es una canción excelente y rompedora, que deja atrás los inicios para incorporar todos esos elementos que consiguen que sus canciones sean tan emocionantes. Lo tiene todo: una intro de rap (buen trabajo, J-Hope), un estribillo pegadizo, ese contagioso «la, la, la», un inicio descarado, una pausa falsa y, de repente, un nuevo comienzo. La letra hace referencia a temas que aparecen a lo largo de toda la trilogía. Piden a quienes escuchan que corran con ellos, que no tengan miedo a vivir, que se entreguen al fuego y ardan con pasión, deseo, riesgo y ambición.

El baile también fue algo intrépido por su parte. En algunas entrevistas, los integrantes del grupo han contado

144

El vídeo alcanzó el millón de visualizaciones en solo seis horas.

lo difícil que les resultó dominar la coreografía de Keone Madrid, aunque, finalmente, la bordaron. En una explosión de energía y movimiento se les ve pasar, tranquilamente, de movimientos rápidos y cortantes, que casi recuerdan a las artes marciales, a movimientos a cámara lenta, sin que deje de haber pinceladas de descaro y coqueteo y sin perder, en ningún momento, su perfecta sincronización. Pero, por encima de todo, es admirable su resistencia física. Si ves el vídeo del ensayo en YouTube, podrás comprobar la intensidad de su actuación.

El tercer vídeo correspondía a una canción más emotiva, «Save Me», y se publicó durante las semanas siguientes. El peso recaía en la línea vocal. Aunque respondía más al deseo de los seguidores más convencionales de BTS, logró captar la atención de todos gracias a su soberbio *beat*, compuesto por silbidos suaves y xilófonos.

El vídeo consta de una sola toma del grupo bailando sobre unas dunas áridas. Era la primera vez que bailaban una coreografía del equipo noruego The Quick Style, que incorporó cierta sutileza y movimientos de danza contemporánea, sin abandonar el estilo radical y afilado del grupo. Y, por supuesto, BTS nos dejó esperando más. Cuando el vídeo termina, aparece un mensaje en la pantalla: «BOY MEETS [chico conoce a]». Nos quedamos esperando la siguiente palabra, pero eso fue todo. ¡Solo BTS podría dejar a sus fans con esa intriga!

Pronto quedó claro que estas tres canciones iban a consolidar el estatus de BTS como uno de los grupos más relevantes de Corea. El día de su estreno, «Fire» consiguió que BTS fuera, por primera vez, número uno de forma simultánea en todas las listas de éxitos. Las canciones «MCountdown», «Music Bank» e «Inkigayo» les reportaron tres premios musicales. Además, *Young Forever* se situó en lo más alto de las listas de álbumes más vendidos de Corea y mantuvo su posición durante dos semanas consecutivas.

En Estados Unidos, el fenómeno BTS fue ganando relevancia. *Young Forever* se convirtió en su segundo álbum consecutivo que entraba en la *Billboard 200*, alcanzando

145

la posición 106, mientras que en la World Digital Songs Chart batieron un récord hasta entonces jamás alcanzado por un grupo de K-pop: con «Fire», «Save Me» y «Epilogue: Young Forever», sumaban tres las canciones que se encontraban en la lista al mismo tiempo.

En junio de 2016, Big Hit planeó algo nuevo para el canal V-Live de BTS. El avance de un episodio de *Bon Voyage* mostraba a los chicos en la sala de juntas de la discográfica, decidiendo adónde les gustaría viajar (a Hawái o a la zona rural de Corea del Sur) y con quién les gustaría ir (con J-Hope o con Jimin). Parecen olvidarlo todo cuando llegan a sus habitaciones (sí, ¡por fin podemos verlas!) y descubren que se van, todos juntos, al norte de Europa. Y así empieza la serie de pago *Bon Voyage*, compuesta por episodios de 84 minutos (con vídeos especiales «detrás de las cámaras»), que documentan los diez días que pasaron viajando como mochileros por Noruega, Suecia y Finlandia.

> Estas tres canciones consolidaron el estatus de BTS como uno de los grupos más relevantes de Corea.

146

Para unos chicos que habían pasado los últimos cuatro años sin hacer otra cosa que no fuera ensayar, actuar y grabar, esto supuso la oportunidad de disfrutar de unas vacaciones por cortesía de Hitman Bang. Y es que, cuando están de gira, todo lo organiza la agencia discográfica. Desde el primer momento, se genera un caos precioso, ya que el pánico y la indecisión se apoderan de las habitaciones, mientras deciden qué ropa llevarse. Suga es tan metódico que cuenta los pares de calcetines limpios, Jungkook ejerce el papel de *maknae*, preguntando a todos los demás qué piensan llevarse, y Jimin no puede decidir qué meter en la maleta.

Su primera parada es Bergen, en Noruega. Gracias a que RM habla un inglés fluido, pueden negociar cómo ir desde el aeropuerto hasta la ciudad, solo para descubrir que Jimin se ha dejado su mochila en el autobús del aeropuerto. Es un misterio por qué la serie no se llama *Los chicos perdidos*, porque cuando no se pierden ellos, pierden todo lo demás (mochilas, iPads, billetes…). Cuando RM pierde su pasaporte, deja de ser divertido porque, para sorpresa del resto de los integrantes, se ve obligado a abandonar el viaje.

Su periplo les conduce a Suecia y a Finlandia, donde se les ve divirtiéndose juntos mientras navegan por los fiordos, montan en bicicleta, duermen en una auto-caravana, visitan una sauna, se sumergen en un lago helado y visitan el Poblado de Papá Noel. Se ve a los integrantes de BTS como lo que son: chicos de veintipocos años que están disfrutando de un viaje juntos. No se lo pueden creer, están tan relajados… y a J-Hope incluso se le ocurre una frase para dar esquinazo a unos fans que se encuen-tran en el puerto: «Sorry, important busi-ness! [¡Lo siento, negocios importantes!]».

> Desde el primer momento, se genera un caos precioso, ya que el pánico y la indecisión se apoderan de las habitaciones, mientras deciden qué ropa llevarse.

En su última tarde, sentados en la ori-lla de un lago, mientras leen las cartas que les han enviado Bang Si-hyuk y su mánager, Sejin, se intuye que el viaje les ha ayudado a apreciar más la compañía de los otros, así como a valorar todo lo que han conseguido. Como Suga afirma en uno de sus comentarios finales, ahora son como una familia.

En verano, BTS voló a Europa para actuar como cabeza de cartel en el festival de música KCON, en París, y, des-pués, a Estados Unidos para asistir a las convenciones de Newark (Nueva Jersey) y Los Ángeles (Ca-lifornia). Tal y como Jeff Benjamin escribió en *Billboard*: «Son cabeza de cartel y, por si esto no fuera suficiente, las listas de éxitos pueden confirmar que hay una nueva *boy band* dispuesta a revolucionar esta ciu-dad». Con las nuevas canciones de *Young Forever*, «Dope», «I Need U» y «Boyz with Fun», ahora BTS tenía un montón de bom-bazos que iban a encantar al público.

> El viaje les ha ayudado a apreciar más la compañía de los otros, así como a valorar todo lo que han conseguido.

Según la organización del festival KCON de Newark, que tuvo lugar el 24 y 25 de junio, las 18.000 entradas de BTS se vendieron antes que las de Bruce Springsteen. El pri-mer día de la convención, RM asumió la función de MC y, el segundo día, el grupo cerró el evento. Los ARMY fueron calificados como los fans más escandalosos que habían pisado el recinto y los integrantes de BTS se sintieron tan cómodos que decidieron interpretar sobre el escenario su canción favorita, «Cypher Pt. 3», del álbum *Dark & Wild*, lo que también causó gran revuelo.

Un mes después, repitieron la experiencia en la edición del KCON en la Costa Oeste de Estados Unidos, que duró desde el 29 hasta el 31 de julio. En el *LA Times*, August Brown escribió: «BTS cerró el festival recordando por qué es uno de los grupos de K-pop más influyentes y estables… el grupo actuó sobre el escenario del KCON con precisión y nervio y todos los integrantes pudieron lucir en directo, por turnos, su destreza rítmica. El K-pop ya lo tiene todo y el domingo quedó claro que, en grandes dosis, puede resultar genial».

Entre los conciertos que se celebraron en Francia y los del KCON de Estados Unidos, surgió la gran tradición *festa*, 148 la celebración anual que BTS y los ARMY llevan a cabo para conmemorar su debut, que tuvo lugar hace ya tres años. Comenzó por todo lo alto, con la descarga gratuita de un tema nuevo, «I Know», un tierno dueto grabado por RM y Jungkook y, más adelante, la diversión se abrió paso con una versión especial y coreografiada de la aclamada canción «Baepsae» y con un álbum de fotos familiar. Este mostraba a los chicos posando con americana y corbata o con uniforme y gorra, así como a Jin llevando un traje de chef y a Suga y a J-Hope haciendo el tonto con sus trajes «SOPE» de color naranja (en YouTube hay un vídeo de la sesión de fotos).

El siguiente vídeo, publicado especialmente para *festa*, se lo dedicaron a los ARMY. Se tituló «J-Hope Dance Practice for 2015 Begins Concert». Es un vídeo de 60 segundos en el que se ve a J-Hope rompiendo la pista de baile en el estudio de Big Hit y queda muy claro que ese chico, que tiene mucho que ofrecer, se intenta contener cuando baila en grupo (incluso en sus coreografías más eléctricas).

El verano finalizó, tal y como había empezado: con BTS llenando los escenarios más importantes de Japón con su gira

2016 BTS Live The Most Beautiful Moment in Life On Stage: Epilogue y compitiendo en la segunda edición del año del programa *Idol Star Athletics Championship*. Volvieron a competir en los 4x100 metros (¿serían derrotados alguna vez?), ya que J-Hope, Jimin, Jongkook y Suga derrotaron a los equipos de BTOB y B.A.P, aunque no tuvieron tanta suerte en la competición de tiro con arco. Hay una bomba Bangtan en la que, aunque se les ve muy guapos con sus chándales, no parece que se estén tomando muy en serio lo de ganar.

Young Forever y, sobre todo, las tres nuevas canciones habían conseguido encumbrar a BTS a otro nivel. De alguna manera, este grupo de chicos, autores de la mayoría de sus canciones, estaban triunfando, ya no solo en su propio país, sino también en Asia y, además, se estaban ganando el apoyo de miles de fans de Oriente Próximo, Oceanía, Sudamérica, Europa y, no lo digas muy alto, incluso habían metido la cabeza en Estados Unidos.

149

JUNGKOOK

FICHA TÉCNICA

Nombre: Jeon Jungkook
Apodos: Junkook, Jungkookie, Kookie, JK, Nochu, Seagull [Gaviota], Golden *Maknae* [*Maknae* Dorado], Bunny [Conejito]
Fecha de nacimiento: 1 de septiembre de 1997
Lugar de nacimiento: Busan, Corea del Sur
Altura: 1,78 metros
Educación: Instituto Baekyang, Instituto Shingu, Instituto de Artes Interpretativas.
Horóscopo chino: Buey
Signo zodiacal: Virgo

16

Jeon Jungkook: el *maknae* dorado

Aunque este nombre podría habérseles ocurrido a los ARMY, fue RM quien le puso el apodo de «Golden *Maknae*» a Jungkook, vistas las facultades que posee el pequeño de BTS tanto como cantante y bailarín como para cualquier otra actividad que se le ponga por delante. Este bebé que no era ni un adolescente cuando inició su viaje hacia la fama ha hecho gala de una gran madurez al hacer frente al estrés que conlleva la vida del *idol*, y a las adversidades por las que ha pasado el grupo.

Tener un *maknae* especial es común entre los grupos de K-pop. Esta palabra se utiliza para citar al miembro más joven, que suele ser el más mono y más juguetón, y también el que recibe la mayor cantidad de afecto por parte de todos los integrantes del grupo. Todo esto es cierto para Jungkook; no hace falta más que ver lo atentos que estaban los BTS con él durante sus actuaciones como principiante, o el modo en el que lo protegían en sus comienzos, durante las entrevistas de grupo y los programas de televisión. No obstante, pronto se darían cuenta de que el *maknae* tenía algo más, de que tenía un talento natural y, a medida que BTS creció y mejoró en términos de confianza, también fue floreciendo exponencialmente la de Jungkook. Aquellos que siguieron al grupo desde sus inicios tuvieron que coger aire y preguntarse cuándo pasó este chico de ser poco más que el niño mimado a ser la joya de la familia.

Al igual que Jimin, Jungkook nació y creció en Busan. Vivía con su madre, su padre y su hermano mayor, Jeon Junghun, así que ya tenía cierta experiencia siendo el pequeño de la familia. En efecto, su hermano ha compartido en Internet muchas imágenes adorables de cuando su hermano aún iba en pañales. Puede que lo más justo sea decir que Jungkook no destacaba en escuela, a excepción de educación física, artes plásticas y música. En primaria, el deporte era particularmente importante para él. Asistió a clases de taekwondo, una disciplina en la que, con el tiempo, logró hacerse con el cinturón negro; también jugó al fútbol y demostró tener muchas aptitudes para el bádminton. Soñaba en convertirse en un jugador profesional de bádminton. Además, cuando sus padres le compraron su primer ordenador, sus primeros juegos fueron de e-esports.

Junkook descubrió la música en el instituto a través de las canciones de G-Dragon, el rey del K-pop, cuando la carrera en solitario de este vocalista de BIGBANG llegó a su punto álgido con «Heartbreaker». El joven estudiante empezó a cantar e incluso se vio inspirado para aprender a bailar *street dance*, razón por la que se unió a un grupo local de *b-boys* (grupos de jóvenes que bailaban *break dance*). En 2011, se sintió lo suficientemente confiado como para ir a los cástines de *Superstar K*, el mayor programa de talentos de Corea del Sur.

> Soñaba en convertirse en un jugador profesional de bádminton.

Tras hacer horas de cola junto con miles de esperanzadas personas, Jungkook tuvo su oportunidad de dos minutos en el castin de Busan. Con un peinado sin mucho volumen y una camiseta básica blanca de manga larga, lucía muy dulce mientras cantaba «This Song», de 2AM, y «Lost Child», de IU (los incondicionales de Jungkook pueden encontrar la actuación en Internet). Por aquel entonces le estaba cambiando la voz, a lo que achaca el no haber sido capaz de llegar más allá de las rondas clasificatorias y aparecer en televisión. No obstante, estaba claro que tenía algo especial, porque, tras ver su actuación, fueron, ni más ni menos, siete las agencias que contactaron con él, entre las cuales figuraba JYP, una de las Tres Grandes.

> Tras ver su actuación, fueron, ni más ni menos, siete las agencias que contactaron con él.

¿Qué fue lo que le hizo decantarse por Big Hit? Decidió que era ahí y entonces donde tenía que estar cuando vio a RM en su estampa más rapera. Cuando le preguntaron por ello en el *New Yang*

Nam Show, en 2017, su respuesta fue: «Quise firmar con ellos porque me parecía que RM era buenísimo». Al igual que los demás aprendices, llegó solo a Seúl, y allí ocupó su lugar en la residencia. Entonces solo tenía trece años, pero había tenido que cambiar de escuela, aprender a moverse en una nueva ciudad, hacer nuevos amigos y empezar a entrenar para ser un *idol* junto con otros aprendices mucho mayores.

Jungkook admitió que el ruidoso y a veces incluso escandaloso colegial de Busan se convirtió de inmediato en un estudiante reservado y tímido al llegar a Seúl. Algunos miembros recuerdan que solía esperar a que todos se durmieran antes de ir a ducharse, que evitaba cantar enfrente de ellos y que se echaba a llorar si le empujaban. Cuando Bang Si-hyuk le dijo que su baile carecía de emoción, Kookie debió reunir todas sus fuerzas para no hacer las maletas y volverse a casa.

En cambio, el joven adolescente que nunca había puesto pie en un avión voló a América. BigHit lo había inscrito en un curso intensivo de *street dance* en la famosa academia de baile Movement Lifestyle de Los Ángeles. Fue una experiencia muy dura, pero en un solo mes logró aprender muchísimo y, además, se las apañó para comprarse un monopatín, logrando así dominar una nueva habilidad. A finales de 2012, se reveló que Jungkook era el sexto y aparentemente último miembro de BTS (sin contar a V, a quien estaban guardándose en la recámara). Se barajó ponerle el nombre artístico de Seagull [«gaviota»], el ave oficial de Busan y el apodo del equipo de básquet, pero Jungkook decidió seguir usando su nombre de pila.

La timidez de Jungkook seguía siendo un problema. Bang Si-hyuk admitió que hacerle debutar fue una apuesta arriesgada, puesto que muchos en Big Hit creían que todavía no estaba preparado para hacerlo; fue entonces cuando el espíritu de equipo de BTS entró en juego. No debemos olvidar que Jungkook, por aquel entonces, aún tenía tan solo quince años. Kookie ha hablado a menudo de cómo Jin cuidaba de él, le hacía la comida y lo llevaba en coche al instituto, y de que Suga le aconsejaba como si de su padre se tratara, como pudimos adivinar en la cara de sobresalto que mostró cuando Jungkook contó en *American Hustle Life*

153

que quería hacerse un tatuaje. Y resultó ser que estos chicos no se equivocaban en dónde ponían su fe. A medida que crecía su confianza, Jungkook empezó a dar resultados. Desde que lanzó en febrero de 2013 su «Graduation Song», poco después de terminar el instituto, los fans ya se habían dado cuenta de la dulce voz que tenía el *maknae* y de que era un elegante bailarín, como demostró en su debut.

Jungkook, al mismo tiempo que progresaba en sus estudios, se convirtió en una pieza fundamental del grupo.

Jungkook, al tiempo que progresaba en sus estudios, se convirtió en pieza fundamental del grupo. Ahora tenía más peso en las coreografías, y sus suaves y en ocasiones roncas vocales podían oírse cada vez más en las canciones. Con el tiempo, Jungkook terminaría por conseguir su propia canción, con letra de RM, con ciertos toques personales, en el disco *Wings*, titulada «Begin». Decía tener vergüenza de explicar el significado de la letra a los demás miembros, ya que en ella cuenta cómo lloró por ellos cuando la carga de trabajo era abrumadora, pero al fin y al cabo son sentimientos que canta desde su corazón de un modo exquisito. Más adelante, Jungkook fue el encargado de poner voz al tráiler de *Love Yourself: Tear*, «Euphoria», una canción ante la que muchos de los ARMY mostraron su perplejidad al ver que no se encontraba en el álbum.

Con el paso de los años, Jungkook publicaría una impresionante colección de versiones, la mayoría en inglés. Como belieber confeso, ha grabado, para el deleite de muchos de los fans, estas canciones de Justin Bieber: «Boyfriend», «Nothing Like Us», «Purpose» y «2U». Además, también ha hecho una versión de «Paper Hearts», de Tori Kelly, «Lost Stars», de Adam Levine, «We Don't Talk Anymore», de Charlie Puth (a la que Puth respondió con el tuit «Me encanta este Jungcook») y un largo etcétera que ha dado para que otros canales de YouTube crearan álbumes imaginarios de sus versiones. En febrero de 2018, publicó en Twitter su versión de «All of My Life», de Park Won, en la que tocaba el piano y cantaba sin florituras. En cuestión de días ya había alcanzado un millón de «me gusta».

A medida que salía a la luz la personalidad cautivadora y juguetona de Jungkook en los vídeos de BTS y en sus apariciones televisivas, empezaron a llevarle como invitado a varios programas de variedades. En 2016 apareció en *King of Mask Singer*, un programa que enfrenta a unos cuantos cantantes de K-pop que tienen que esconder su identidad detrás de un disfraz. Jungkook lució una espectacular máscara de plata en su papel de Hombre Espadachín. Aunque no se alzó con la victoria, su versión de «If You», de BIGBANG, es una canción que los ARMY todavía tienen en alta estima.

También apareció en una serie llamada *Celebrity Bromance*, en la que se lo emparejó con Minwoo, una estrella del K-pop de treinta y seis años del grupo Shinhwa y que formó parte de la primera generación del K-pop. La cariñosa personalidad de esta vieja gloria hizo mucho a favor para que Jungkook saliera de su caparazón, lo que terminó regalándonos escenas para el recuerdo como cuando un montón de mascotas les rodearon en una cafetería, o como cuando tuvo que escalar para ganarse la cena. Menos celebrada fue su aparición en el *reality* de viajes *Flower Crew*, en el que hubo controversias por el comportamiento irrespetuoso hacia Jungkook de algún participante, y, porque, debido a la popularidad de Kookie, el proceso de votación que utilizaba el programa fue saboteado. Durante la votación podía leérsele en los labios cómo decía avergonzado: «No me votéis».

BOMBA BANGTAN
JUST WATCHING JUNGKOOK LIP SYNC SHOW

Si crees que Jungkook solo es capaz de crear armonías dulces y conmovedoras, mira cómo se las gasta junto a V con la canción «Given Up», de Linkin Park. Delante de un divertido público formado por Jimin y J-Hope, saca a pasear su guitarra de aire para tocarla al más puro estilo nu metal, y hace gala de una perfecta pronunciación en inglés en un *playback* que no se deja por el camino ni las palabrotas. ¡Es monísimo incluso en su faceta más roquera!

Mientras tanto, sus compañeros de habitación habían descubierto que su *maknae* tenía muchas otras cualidades. Este competitivo joven ganaba siempre en todos los juegos a los que jugaban, sus dotes para el dibujo eran mucho más que impresionantes (lo cual le viene en la sangre: mirad los dibujos de BTS que hace su hermano Jeon Junghun en Instagram) y su pericia para los deportes era asombrosa, particularmente en atletismo, lucha libre y tiro con arco, gracias a los cuales BTS lograría triunfar sucesivamente en el programa *Idol Star Ahtletics Championship*. Claramente merecía el título de Golden Maknae que le había dado su líder.

Ese no es el único apodo que Jungkook se ha granjeado. Además de que sus compañeros y los ARMY le llamen cariñosamente Kookie, también encontrarás que, de vez en cuando, le llaman Nochu. Esto se debe a que, en el programa de *American Hustle Life*, Nate, su mentor, le dio un rap para que lo imitara en el cual aparecía la frase «Nochu [«Not you»], come thru». Jungkook la imitó tan bien que Nate le puso ese apodo, que todavía hoy en día sigue utilizándose.

Entre otros nombres con los que se le conoce encontramos Muscular Pig (Cerdo Musculoso, que ha cambiado recientemente a John Cena, después de que este mismo se declarase abiertamente fan de BTS), como halagador calificativo por su fuerza y sus bíceps; Bunny (Conejito), por esa sonrisa seductora que dejan entrever las palas; Shining Prince (Principe resplandeciente), del que Twitter se adueñó tras la salida de *Love Yourself: Her*; e International Playboy (playboy internacional), el cual se puso él mismo de un modo irónico en uno de los primeros documentales de *Go! BTS*, porque, por aquel entonces, no parecía ser capaz siquiera de mirar a una chica a los ojos. Finalmente, algunos fans hablan de él con el apodo de Jungshook, referencia directa a la cara de desconcierto y perplejidad (*shock* en inglés) que pone en los momentos en los que está muy confuso.

Tales términos de afecto demuestran lo mucho que los integrantes del grupo se preocupan por su pequeñín, aunque esto no impida que de vez en cuando se rían de él. El decimosexto cumpleaños de Jungkook llegó el 1 de septiembre de 2013. En un vídeo de YouTube titulado «BTS Surprise Birthday Party for Jung Kook!» vemos a los chicos en el plató en el que estaban grabando el tráiler. Durante el descanso, podemos observar cómo Jungkook lee los *e-mails* que le han enviado sus fans, y trata de disfrutar del «Kookie Day», pero el director encargado del baile empieza a criticar su actuación, mientras que sus compañeros, escondiendo las risas como podían, se sumaron a sus quejas. El pobre Kookie se mostró confundido y un poco enfadado, pero siguieron con la farsa hasta que un radiante Suga apareció con un pastel, unas velas y una canción.

Tampoco es que él corresponda siempre a sus *hyngs* con el debido respeto. A menudo, Jungkook pretende ser un *maknae* malvado, imitando a la perfección todo lo que dicen los miembros para pincharles. Desde su debut, Jungkook ha crecido y superado en altura a Jimin, ¡y no veas si se lo restriega! «Llamadme bajito y acariciadme la cabeza… Pero ¡que soy dos años mayor que tú!», se oye quejarse al pobre Jimin. A pesar de eso, parece ser que Jimin le perdona casi todo a Jungkook. En alguna ocasión ha dicho que le recuerda a su hermano pequeño, y que, incluso cuando están diviertiéndose, de un modo u otro siempre está pendiente de él.

> A menudo, Jungkook pretende ser un *maknae* malvado.

157

Aunque V también es dos años mayor que él, ha demostrado la misma capacidad de comportarse como un niño que tiene Kookie, quien ha remarcado lo similares que son sus personalidades. En una ocasión llegó a decir: «Es muy esporádico. Nuestras ondas humorísticas encajan a la perfección». Jungkook y V también comparten la pasión por los videojuegos, especialmente por *Overwatch*. De hecho, Jungkook es el verdadero adicto a los videojuegos del grupo (fijaos en la cicatriz que tiene en la mejilla derecha, un regalito que recibió mientras peleaba con su hermano por un mando de consola). A finales de 2016, cuando el grupo se trasladó a una residencia de cuatro habitaciones, Jungkook ganó a piedra, papel, tijera, y se convirtió en el único miembro que tendría habitación propia. A esta la nombró «armario de oro», un lugar hacia donde todos los miembros siempre peregrinan cuando andan en busca de algún videojuego.

Cuando la fama del grupo creció más todavía, limitó el uso de su nombre de pila para las grabaciones que hace en su estudio privado. En ese estudio de grabación de vídeo es donde trabaja en sus versiones, práctica el piano y también es hogar de las Golden Closet Films (películas del armario de oro o G.C.F, tal y como aparece en YouTube). Los proyectos publicados hasta el momento, dirigidos y editados por él, consisten en una serie de cortos de Jimin yendo de viaje a Tokio, y de todos los miembros pasándoselo bien en Osaka. Esto pone en relieve otro de los talentos de Kookie, ¡uno que todavía no le ha valido ningún apodo!

Jungkook es el miembro del grupo menos activo en Twitter. Los ARMY le han animado a publicar más, y él ha dicho que lo intentará. En contraste, pública sus canciones en solitario como regalos, y, como colaborador en *Love Yourself: Tear*, trabajó duro en escribir y producir «Magic Shop», una apasionada canción para los fans que dedicó a los ARMY. Jungkook ha crecido y evolucionado en BTS en mayor medida que cualquier otro miembro del grupo. El delgado, vergonzoso y monísimo adolescente se ha convertido en un carismático artista y un tiarrón musculoso, como bien pudimos ver en las BBMA de 2018, cuando enseñó y escondió muy rápido sus abdominales. Todo el mérito se lo deben a Big Hit, por haber reconocido el potencial que había en él, a los Bangtan, por haber hecho de él un hombre del que pueden estar orgullosos y, por supuesto, al propio *Golden Maknae*.

17

Daesang

*E*n julio de 2016, BTS todavía estaban en Japón cuando se publicaron las fotos de avance de su segundo álbum japonés. *Youth* salió a la venta en septiembre y contenía nueve versiones en japonés de sus canciones, el sencillo «For You» y tres nuevas pistas. «Introduction: Youth» es una intro de rap y «Good Day» es una canción pop interpretada por la dulce línea vocal, mientras que «Wishing on a Star» resultó ser una de las canciones favoritas de los ARMY en todo el mundo. Se trata de una canción maravillosa a medio tiempo repleta de ecos románticos y las voces se integran perfectamente mientras transmiten el mensaje de «ve tras tu sueño pase lo que pase». *Youth* fue directo al número uno en las listas de éxito semanales y mensuales japonesas, lo cual supuso un nuevo hito para BTS.

Al mismo tiempo estaba sucediendo otra cosa. A principios de septiembre, durante nueve días, Big Hit subió una serie de siete cortos de dos o tres minutos de duración a YouTube. Cada uno de ellos se centraba en un miembro del grupo en particular. El de Jungkook se titulaba *Begin*; el de Jimin, *Lie*; el de V, *Stigma*; el de Suga, *First Love*; el de RM, *Reflection*; el de J-Hope, *Mama*; y el de Jin, *Awake*.

Todos incluyen una breve narración en inglés a modo de introducción con la voz de RM y una canción de fondo con fragmentos de una canción nueva. Los cortos tienen una altísima calidad estética y repiten imágenes clave de vídeos anteriores de BTS, así como imágenes de fuego, pétalos, bañeras y fotos Polaroid. ¡Es como si lo hubiesen

planeado desde el principio! Oscuros y cargados de simbolismo, transmiten sensaciones de aislamiento, baja autoestima, angustia y desesperación. Cada uno de los miembros
tiene un papel protagonista serio y todos están a la altura,
dotando a sus escenas de emoción y profundidad. La atmósfera es fácil de comprender, pero el significado exacto
de cada una de las historias está abierto a la interpretación
y, como consecuencia, ha llenado numerosas páginas de
blogs de los ARMY y sitios web de fans.

En algunas entrevistas, RM explicó que la clave para
entender los cortos y gran parte del nuevo álbum de regreso se encontraba en la novela *Demian*, del escritor alemán Hermann Hesse, que relata el paso de la niñez a la
madurez de su protagonista y que fue publicada por primera vez en 1919. Bang Si-hyuk les había adjudicado la
historia de un chico en la cúspide de la edad adulta, al que
se le da a elegir entre la luz y la oscuridad, la seguridad
y el peligro, el bien y el mal, y debe descubrir su propio
camino. En la novela, el protagonista cuestiona los valores
aceptados y se rebela contra un sistema frustrante y re-
presivo. Para BTS fue una gran decisión.

160

A finales de septiembre de 2016, Big Hit
anunció la fecha de lanzamiento del nuevo álbum, *Wings*, y publicó un avance del regreso.
¿Recuerdas que el vídeo de «Save Me» acababa
con las palabras «*BOY MEETS* [chico conoce...]»?
Pues este tráiler parecía terminar la frase al ti-
tularse «Boy Meets Evil [chico conoce el mal]».
Comienza con una frase de Hesse sobre haberle
dado la mano al diablo y, en él, aparece J-Hope
bailando su propio rap apasionado.

J-Hope fue el último de la línea de rap en
tener su propio avance/canción inaugural de
un álbum, pero su voz es perfecta, sin florituras,
con una intensidad variable mientras habla
sobre la tentación y sobre ceder ante un amor
inconveniente pero tan dulce que es imposible
resistirse a él. Pero lo que más impresiona es

La clave para entender los cortos y gran parte del nuevo álbum de regreso se encontraba en la novela *Demian*, del escritor alemán Hermann Hesse, que relata el paso de la niñez a la madurez.

su baile. Vestido con una larga camisa blanca y unos vaqueros negros rotos, y luciendo un nuevo pelo color cobre, J-Hope se marca una actuación de danza moderna, coreografía de Dylan Mayoral, que resulta fantástica, tanto en su expresión como en su ejecución.

Las fotos de promoción no se hicieron de rogar. En consonancia con lo que habíamos visto y oído en las últimas semanas, la banda dejó atrás su imagen juvenil y aniñada y adoptó un aspecto más maduro, sofisticado y elegante. Vestían refinadas camisas de vestir y chaquetas con bordados o con estampados florales, con mucho terciopelo y satén. Había detalles modernos y *vintage*, como gargantillas y cuellos victorianos, alguna pluma, vaqueros con un palmo de bajo doblado y parches de flores. Aunque seguían teniendo el pelo multicolor, los tonos ahora eran más apagados y más chic.

> La banda dejó atrás su imagen juvenil y aniñada y adoptó un aspecto más maduro, sofisticado y elegante.

El videoclip de su regreso fue el de la nueva canción «Blood, Sweat & Tears», que salió el 10 de octubre. Era un trabajo ambicioso que combinaba el arte dramático y el baile y que incorporaba el simbolismo y las ideas de los cortos. Continuando con la temática de las fotos de promoción, se nos traslada a un mundo rico en bellas artes. Los chicos entran en un museo repleto de estatuas y pinturas clásicas. Van vestidos con ropa de Saint Laurent y de Dolce & Gabbana, y tienen un aire dandi, bohemio y absolutamente fantástico.

La sección dramática del vídeo va generando poco a poco esa sensación de dejar atrás la inocencia, de enfrentarse a la tentación y de terminar cayendo en ella. El grupo interpreta esta narrativa en varias escenas que acaban con Jin besando a la estatua. Las obras de arte que aparecen en el vídeo refuerzan la historia, incluido el cuadro de Herbert James Draper, *El lamento de Ícaro*; la escultura de la Virgen María sujetando el cuerpo sin vida de Jesucristo de Miguel Ángel y el cuadro *La caída de los ángeles rebeldes*, de Pieter Bruegel el Viejo.

161

Pero se trata de un grupo de K-pop. No deberían estar ahondando en el mundo del arte y de la filosofía, del mismo modo en que no deberían haber cuestionado su educación y sus perspectivas de carrera en «No More Dream». No contentos con escribir letras sobre «chico conoce a chica», exploran ideas sobre qué significa el ser adulto y las opciones que esto conlleva para ellos. Desde luego, se trata de un vídeo que hace reflexionar al espectador.

Solo que también consiguen distraer a muchos ARMY de estos asuntos con su interpretación y su coreografía. Este es, con diferencia, el intento más deliberado del grupo de mostrar su lado sexi y seductor y, a juzgar por los comentarios en YouTube, no pudieron dar más en el clavo. El marcado lápiz de ojos, los cuellos profundos, las gargantillas y los labios aterciopelados contribuyen a crear esa atmósfera. El baile conserva sus característicos movimientos rápidos, pero incorpora miradas, autocaricias y movimientos corporales sensuales. Momentos como el de Jungkook chupándose el dedo o el golpe de chaqueta que deja el hombro de Jimin al descubierto sin duda dejaron a millones de personas de todo el mundo demasiado impactadas como para que su mente fuese capaz de procesar ninguna otra información.

Al tiempo que el vídeo sumaba más de seis millones de visualizaciones en menos de veinticuatro horas, BTS se encontraban lanzando *Wings*, el segundo álbum completo de BTS. El disco trata sobre la juventud que crece y echa a volar, pero también de que cada miembro del grupo a nivel individual extienda las alas. En este álbum, todos los miembros tienen su propia canción en solitario, que, con la excepción de Jungkook, son temas que han escrito ellos mismos. Se trata de un logro extraordinario, no solo para los miembros en sí, sino también para Big Hit, ya que a los grupos controlados por las tres grandes discográficas rara vez se les concede esta confianza y esta libertad.

Las quince pistas de *Wings* comprenden numerosos estilos de sinte, incluidos los sonidos actuales del house tropical, el moombahton e incluso del neo soul. El disco comienza con el rap de J-Hope «Boy Meets Evil» usado para el tráiler y con «Blood, Sweat & Tears», que pone el foco en Jimin, que inicia la canción con una preciosa voz aguda que te deja sin aliento. Con un suntuoso acompañamiento de tintineos, sirenas y palmas, la línea vocal destaca armónicamente con un gancho de lo más pegadizo. Entre las letras de esta canción aparentemente de amor se esconde también algo más oscuro que alude a la temática del álbum. Como RM explicaba en la presentación del concepto: «Cuanto más cuesta resistirse a la tentación, más piensas en ella y más vacilas. La incertidumbre forma parte del proceso de crecer. "Blood Sweat & Tears" es una canción que muestra cómo alguien piensa, escoge y crece».

BOMBA BANGTAN
«BLOOD SWEAT & TEARS» MV REACTION BY BTS

Si estás agotado después de buscar símbolos y de tanto pensar en los cortos de *Wings* y el videoclip de «Blood Sweat & Tears», busca esta bomba Bangtan en YouTube. En ella aparecen los chicos viendo el videoclip por primera vez. No te ayudará mucho en lo que a interpretar significados se refiere, pero seguro que te saca una sonrisa ver cómo alucinan con los movimientos de baile, la actuación y el *sex appeal* en general de los demás.

163

La siguiente sección de *Wings* consta de los siete trabajos en solitario del grupo. Las canciones tienen el mismo título que sus respectivos cortos. Jungkook es el primero con «Begin», una pista R&B lenta que va transformándose en un estilo bieberesco mientras recuerda su llegada a Seúl con quince años y cómo su relación con sus «hermanos» del grupo fue cobrando fuerza. A continuación, Jimin se hace con el micro para su canción, «Lie», y pasa de seductor a emotivo en un trabajo vocal magistral acompañado de evocadoras cuerdas orquestales, campanillas y coros estremecedores. Por el contrario, con un ritmo instrumental clásico,

«Stigma», de V, consta de voces graves, susurros y semi-gritos en una canción de dolor cargada de sentimientos de culpa que pone los pelos de punta.

«First Love» es puro Suga. Un rap original y sincero en el que usa el tono de su voz hablada, y pasa de la calma a la pasión para rendir homenaje al piano de su infancia. Posteriormente admitiría que lloró mientras la grababa. Las secuencias de la línea de rap continúan con «Reflection», de RM, una reflexión sobre las contradicciones de la vida. Compuesta en el propio Ttukseom Park sobre el que rapea, comienza con una grabación hecha con su propio teléfono móvil del sonido del metro al pasar.

J-Hope reveló que en una reunión de grupo anunció que tenía intenciones de componer una canción sobre su madre y que sería alegre y «hope»-ful («esperanzadora»). Fiel a su palabra, una pista vivaz con tintes de jazz acompaña su poema sobre el amor entre madre e hijo. Las letras son pre-ciosas tanto por su sencillez como por los detalles, en los que menciona los restaurantes en los que ella trabajó y el bonito gesto de incluir su voz diciendo «hola».

Jin asegura que Suga pensó en un principio que una ba-lada no encajaría en el álbum, pero la última canción del solista acabó siendo una de las favoritas de todo el grupo. Se trata de una pista lenta convencional, con un acompa-ñamiento orquestal y de piano. «Awake» es una muestra maravillosa del control y el registro vocal de Jin que habla sobre lo desgarradora que es la baja autoestima y lo recon-fortante de la automotivación.

Las canciones grupales aparecen de nuevo con «Lost», una pista alegre que enfrenta a las voces de la línea vocal en-tre sí formando un hábil contraste mientras cantan un mensaje de esperanza. La canción, compuesta en parte por RM, versa sobre hacerse adulto y sobre lo difícil que es elegir tu cami-no en la vida y creer en ti mismo para encontrar el sendero adecuado. A continuación viene la tradicional pista de los raperos, «Cypher Pt. 4», que contiene las típicas frases diri-gidas a los *haters*, pero, en esta ocasión, suenan seguras y tajantes (especialmente la repetición de «I love myself»), sin el tono defensivo y la fingida arrogancia hip-hopera que sazonaba algunos *cyphers* anteriores.

La siguiente pista es «I Am Wrong». La primera sorpresa es que comienza con un *sample* de una canción de 1994 del cantante de blues ganador de un Grammy, Keb' Mo'. La segunda es que el grupo la hace suya, conservando el aire de blues, pero transformándola en una pista de dance pop muy energética con unos estribillos superpegadizos. ¡Esto sí que es traspasar los límites! Esta pista enlaza de forma deliciosa con la tercera de las pistas que interpretaron durante el concierto, «21st Century Girls». Su coreografía rítmica, divertida y relativamente sencilla y sus letras de llamada y respuesta la convierten automáticamente en una favorita del público. Además, las letras demuestran que han evolucionado. La visión algo machista de «War of Hormone» ha sido sustituida por una celebración de la mujer por lo que es y por quién es. Es un himno de «las chicas al poder» que dice «quiérete» y, además, tiene un rollo muy funky.

Pero la cosa no termina ahí: «Two! Three! (Still Wishing for More Good Days)» se escribió específicamente para los ARMY. Este primer himno oficial de los fans incluye una encantadora mezcla de partes de rap y partes vocales, un mensaje reconfortante de que superaremos los momentos difíciles juntos y una consigna diseñada para cantar a coro en los conciertos. El álbum concluye con «Interlude: Wings», una pista dance con tintes pop dirigida por Jungkook que incluye la metáfora de las alas, que sugiere aceptar la edad adulta, enfrentarse a los problemas y los obstáculos, pero siempre siguiendo el camino que uno ha elegido.

Se publicaron cuatro versiones del álbum: *W*, *I*, *N* y *G*. Todas comparten la misma portada negra con un patrón de humo y el logotipo de *Wings* de cuatro círculos con diseños diferentes. Las versiones se diferencian por los libretos de fotos y letras que incluye el pack, ya que siguen la temática del videoclip de «Blood, Sweat & Tears» y de los cortos, emparejando a los miembros y dejando a Jin como una figura solitaria. El fotolibro de *W* incluye unas magníficas fotografías a color de Jin, así como fotos del grupo; *I* también incluye fotos del grupo, pero se centra en J-Hope y V; *N* se centra en Jimin y Suga; y *G*, en RM y Jungkook. No obstante, todos incluyen una foto Polaroid totalmente aleatoria.

Su primera actuación de regreso fue el 13 de octubre (el día del cumpleaños de Jin) en *M Countdown* de Mnet, donde interpretaron «21st Century Girls» vestidos con ropa informal, seguida de «Am I Wrong», en la que vestían chaquetas de vestir de diferentes colores, antes de aparecer en un escenario «museo» vestidos con sus atavíos para «Blood, Sweat & Tears». Por la reacción en Internet a la actuación y las canciones, no es de extrañar que en las semanas siguientes los viéramos recogiendo trofeos en *Show Champion*, *M Countdown*, *Music Bank* (dos semanas seguidas), *Inkigayo* y *The Show Choice*.

BOMBA BANGTAN
BTS 21ST CENTURY GIRL DANCE PRACTICE (HALLOWEEN VER.)

Este es, posiblemente, el ensayo de baile con más errores de BTS, pero no te ensañes con ellos. Es Halloween, y a estos chicos les encanta disfrazarse. No debe de ser fácil realizar los movimientos cuando vas vestido como un conejo gigante (Jungkook), una verdura enorme (Jimin) o un caballo de pantomima (Jin). También tenemos a Suga vestido con un *hanbok* (ropa tradicional coreana), a J-Hope de esqueleto, a V como el personaje de manga Xiaolang y a RM, cómo no, vestido de Ryan, el adorable oso de los dibujos (que es su obsesión y tiene incluso un pijama del personaje).

Wings era sin duda el trabajo más ambicioso de BTS hasta la fecha: una recopilación de quince canciones que abarcaban géneros musicales distintos, compositores distintos, ideas líricas distintas y artistas distintos. Antes de lanzarlo les preocupaba cómo iba a ser recibido. Jin confesó que le había costado dormir los días antes del regreso, pero desde el día de su publicación quedó patente que iba a ser un auténtico éxito. Las canciones del álbum pronto dominaron las listas de éxitos del país, el propio disco se convirtió en el más vendido del año en las listas de éxitos de *Gaon* y, tan solo cuatro días después de su presentación, «Blood, Sweat & Tears» había arrasado, alcanzando el número uno en las ocho listas de éxitos coreanas.

Fue algo asombroso. A nivel internacional, BTS también estaba causando sensación. El sencillo alcanzó el número uno de las listas de éxitos de iTunes en veintitrés países, incluidos Canadá, Brasil, Nueva Zelanda, Singapur y Noruega, así como en el equivalente chino. Fue directo a encabezar la lista *Billboard World Digital Song Sales*. El álbum también triunfó a nivel internacional: BTS se convirtió en el primer grupo coreano en alcanzar el puesto sesenta y dos en las listas de discos más vendidos del Reino Unido. Y, además de en los países ya mencionados, *Wings* también tuvo repercusión en las listas de éxitos de Finlandia, Suecia, Irlanda y Holanda.

En Norteamérica algunos grupos del K-pop habían triunfado también, pero nada podía compararse a aquello. En Canadá BTS causaron furor. El álbum irrumpió en las listas de los veinte mayores éxitos y «Blood, Sweat & Tears» estableció un récord en el K-pop alcanzando el número ochenta y seis. Mientras, en Estados Unidos, no solo estaban sacudiendo las listas de ventas como ningún otro grupo coreano lo había hecho antes (alcanzando el número veintiséis de la *Billboard 200*), sino que la crítica también los aclamaba. La revista *Rolling Stone* calificó a *Wings* como «uno de los álbumes pop de 2016 más ambiciosos tanto a nivel conceptual como en el plano del sonido», mientras que *Fuse*, otra revista de gran repercusión, lo clasificó como el octavo mejor álbum de 2016, aplaudiendo sus «fascinantes conceptos y sus producciones totalmente accesibles que no suenan fuera de lugar en la radio de los cuarenta principales». ¡Vaya!

167

> No solo estaban sacudiendo las listas de ventas como ningún otro grupo coreano lo había hecho antes, sino que también la crítica los aclamaba.

Una vez más, BTS estaban decididos a interpretar sus nuevas canciones por primera vez ante sus fans. En noviembre se iba a celebrar su tercer encuentro con los fans en el inmenso estadio de béisbol Gocheok Sky Dome en Seúl, y aquella era la ocasión perfecta. Los ARMY agotaron las 38.000 entradas para los dos días en cuestión de minutos y no se fueron decepcionados, ya que el grupo celebró sesiones de preguntas y respuestas, interpretaron antiguos éxitos (incluidas las versiones «de jardín de infancia» de J-Hope, Jin y V), Jimin hizo su debut de rap junto a Suga, y los chicos exhibieron sus nuevas coreografías y dieron las gracias individualmente a los fans. Y ninguno de los presentes olvidará jamás el tributo de V a su abuela recientemente fallecida (con las lágrimas de Jungkook incluidas) ni a los ARMY coreando «Two! Three!», su nuevo himno, que ponía los pelos de punta.

De nuevo en verano, el grupo visitó el templo BoMun-Sa en la isla Seokmodo, en Corea del Sur. Allí, como muchos turistas, los chicos grabaron una oración en una teja de pizarra. En ella pidieron que *Wings* fuera un *daebak* o un gran éxito. Empezaba a parecer que sus oraciones habían obtenido respuesta.

Con la temporada de los premios a punto de comenzar, nadie podría reprocharles que creyeran que el sueño de ganar el premio más importante de todos, el *daesang*, estaba a la vuelta de la esquina. Para bien o para mal, no tendrían que contener el aliento demasiado tiempo para averiguarlo. El 19 de noviembre de 2016 regresaron al Gocheok Sky Dome para los Melon Music Awards. EXO recogió el premio al Artista del Año, de modo que muchos, incluidos BTS, esperaban recibir el *daesang* al mejor álbum. De modo que cuando anunciaron a *The most Beautiful Moment in Life: Young Forever* como el ganador, la mirada de sorpresa en los rostros de los chicos no tenía precio. RM se levantó, pero el resto del grupo permaneció sentado, mirándose los unos a los otros con los ojos como platos y la boca abierta. V caminaba hacia el escenario preguntando con incredulidad: «¿Somos nosotros? ¿Somos nosotros?» y RM tuvo que sobreponerse antes de dar su discurso de agradecimiento a los ARMY, a Big Hit y a los miembros de las familias. En este punto, Jin sollozaba de alegría y J-Hope se vio obligado a secarse sus propias lágrimas. El abrazo grupal antes de abandonar el escenario rebosaba alegría, alivio y compañerismo. Se habían esforzado muchísimo en los últimos tres años, y para ellos significaba un mundo que por fin se los reconociese de esa manera.

Un par de semanas después, el 2 de diciembre, no solo acudieron a la ceremonia de los MAMA en Hong Kong, sino que dominaron el escenario con su actuación. Con Jungkook suspendido en el aire al inicio del baile estrella de J-Hope en «Boy Meets Evil», su extraordinaria coreografía sincronizada con Jimin (ambos con los ojos cerrados) y la fascinante coreografía grupal de «Blood, Sweat & Tears» dejaron a los fans sin ninguna duda de quiénes eran los artistas del año. Y los MAMA pronto lo confirmarían precisamente con ese premio, su segundo *daesang* en pocas semanas. Su respuesta emocional fue igual de intensa en los MMA. A RM le costó iniciar su discurso, y esta vez Jungkook y Suga fueron incapaces de contener las lágrimas.

En el discurso que dio al recoger el premio, RM explicó que habían pasado por mucho desde su debut y que, aunque muchos habían dudado de que pudieran lograrlo, los ARMY habían creído en ellos y les habían ayudado a cumplir sus sueños. Terminó con un deseo: que en 2017 pudieran volar aún más alto con sus preciosas alas.

18

ARMY: todo es posible con el trabajo de todos

$\mathcal{L}$os fans de BTS son tan claves en el enorme éxito del grupo como cualquiera de los miembros. No solo compran los álbumes, se descargan las canciones y compran las entradas de los conciertos en tiempo récord, sino que también aportan un torrente constante de amor, apoyo y ánimo a los chicos. Esa es la razón de que BTS comente el afecto y la gratitud a los ARMY en casi cada entrevista y discurso que hace. Por ejemplo, cuando la banda ganó el deseado *daesang* en los Seoul Music Awards de 2018 RM dijo: «Al final todo esto es por vosotros. Gracias por ser la razón de que nosotros podamos hacer esto posible. Intentaremos estar ahí cuando lo necesitéis. ¡Gracias, ARMY!». No podía haberlo dicho más claro: BTS aprecia a los ARMY.

El 8 de julio de 2013, un mes después de su debut, BTS anunció que su club oficial de fans se llamaría ARMY. Encajaba bien con el nombre de Bulletproof Boy Scouts y, como ya habréis notado, tiene otra lectura: *Adorable Representative MC for Youth*. Como el grupo mismo, los fans de BTS darían voz a su generación. El anuncio se hizo a través de su fan café (café.daum.net/BANGTAN), un foro mediante el cual la gran mayoría de grupos de K-pop se comunica con sus fans, que animan el debate. Es un sitio de referencia para saber qué es lo que se cuece en el mundo de BTS, pero casi todo está en coreano. Sin embargo, también lo publican en varios idiomas en Twitter casi

Los fans de BTS darían voz a su generación.

instantáneamente para que los fans internacionales no se pierdan nada.

Por un módico precio, el club de fans oficial te ofrece la oportunidad de asistir a los encuentros con los fans, reserva anticipada para los conciertos y otros beneficios. Sin embargo, la mayoría sigue siendo para el público coreano, tiene periodos de reclutamiento establecidos (normalmente en mayo) y límite de nuevos miembros. Sin embargo, no hace falta ser miembro del club para considerarte un ARMY, porque solo con que ames, apoyes y sigas al grupo es suficiente.

La verdad es que BTS se dejan querer y nos lo ponen fácil. Los premios al artista más social que ganaron en los BBMA, tanto en 2017 como en 2018, confirman que no hay otro grupo con un vínculo como el suyo con los fans. Publican en la cuenta compartida de Twitter, @BTS_twt o en la cuenta oficial que utiliza Big Hit Entertainment para el grupo, @BTS_bighit. Si sabes inglés, puedes seguir sus movimientos a través de las increíbles traducciones que @BTS_Trans proporciona. BTS graba con frecuencia mensajes en directo, vídeos divertidos o incluso un concierto entero a través de la aplicación V-Live, y su canal de YouTube, BANGTANTV, sube vídeos de actuaciones, prácticas de baile, escenas entre bastidores y bombas Bangtan absurdas y con frecuencia divertidas. Su cuenta de Instagram, @bts.bighitofficial, está llena de mensajes y fotos del grupo, como su página de Facebook, Bangtan.official.

171

Los premios al artista más social que ganaron en los BBMA, tanto en 2017 como en 2018, confirman que no hay otro grupo con un vínculo como el suyo con los fans.

Es difícil hacer una estimación sobre cuántos ARMY hay. Están los veinte millones que vieron «Fake Love» el día en que se subió a YouTube (y eso que se tiene en cuenta que se hizo un mínimo de dos visualizaciones por persona). Están los más de treinta millones de personas que votaron en los BBMA y los veinticinco millones de seguidores de la cuenta oficial de Twitter y de la cuenta de traducción. Estamos hablando de una cantidad mayor a la población de Australia y una cosa es segura: uno nunca está solo con ARMY.

En una encuesta en la que se revelaba dónde vivían más ARMY, sorprendentemente, Filipinas se quedó en el primer puesto, Corea del Sur en el segundo, seguido de Indonesia, Vietnam, Tailandia, Malasia, Brasil y Estados Unidos. Sin embargo, el número de fans está creciendo rápidamente por todo el mundo, especialmente en Europa y en el continente americano.

Twitter se ha convertido en el canal favorito de los ARMY. En 2016, BTS se convirtió en el primer grupo de K-pop en tener su propio *emoji* de Twitter, una chaqueta antibalas, que se actualizó en 2017 para que fuera como el nuevo logo del grupo. Twitter es fundamental para difundir el culto al grupo. Cualquier noticia, comentario o publicación recibe numerosos retuits. En diciembre de 2017, la banda recibió el Golden Tweet anual de Twitter Asia por un vídeo que acumuló más de un millón entre «me gusta» y retuits: 778.000 y 374.000 respectivamente. ¿Y de qué iba el vídeo? Era un clip de trece segundos de un miembro del grupo que no vemos, ¡metiendo una patata frita en la boca de Jungkook mientras dormía!

Lo mejor de los ARMY es que no son una fuerza pasiva; buscan sin descanso formas de dar apoyo a BTS. Suelen utilizar *hashtags* para celebrar los cumpleaños de los chicos, para felicitarlos y para enviar mensajes de «mejórate», pero los ARMY también son capaces de hacer que mensajes aleatorios sean tendencia, como #ThankYouJungkook, que apareció en enero de 2018 y al que siguieron mensajes parecidos para los otros miembros del grupo.

Cualquier otro apoyo también funciona. Entre otros muchos ejemplos está la colaboración que hizo RM con el rapero Wale, que surgió gracias a que los fans se pusieron en contacto con este, o la manera en que presionaron, con éxito, a los DJ de las radios, como le pasó a Adele Roberts de la BBC Radio One, para que pusieran las canciones de BTS. Una campaña que empezó en septiembre de 2017 cuando unos fans publicaron unas imágenes de V con una

lata de Coca-Cola acabó logrando que BTS fueran emba-
jadores oficiales de la Copa Mundial de Fútbol de la FIFA
de 2018. Los ARMY también son muy listos: incitaron a
los fans a que no compraran el *mixtape* de J-Hope, *Hope
World*, el día en que se publicó, consiguiendo así que, al
retrasarlo un día, alcanzara una posición más alta en las
listas de *Billboard*.

Obviamente, el apoyo más práctico de los ARMY a BTS
es a través de las votaciones. Ya sea un programa de televisión o unos premios nacionales o internacionales, los
votos de los fans a través de Internet ayudan a elegir el
ganador y los ARMY intentan conseguir todos los votos
posibles para BTS a través de recordatorios, *hashtag*s y
apoyo. El ganador del premio al artista más social de los
BBMA solo se elige mediante el voto del público y aquí
es donde los ARMY triunfan. En 2018 batieron un récord
Guinness que ellos mismos consiguieron el año anterior al
conseguir más de 51,72 millones de tuits para el *hashtag*
#IVoteBTSBBMAs.

Al igual que sus ídolos, los ARMY también se interesan en averiguar cómo pueden ayudar a la sociedad. Son
muchos los casos de grupos locales de los ARMY que organizan donaciones benéficas. Desde las
tradicionales donaciones de arroz para dar
buena suerte a los conciertos de BTS a las
respuestas de emergencia en lugares como
Nepal donde los ARMY de allí organizaron puntos de recogida para conseguir
dinero y suministros de emergencia para
las víctimas de las inundaciones. Con frecuencia estos gestos van en honor a un
solo miembro de BTS: en Estados Unidos hubo una donación a Save the Children a nombre de Suga, los ARMY de
Perú celebraron el veintiún cumpleaños de Jungkook con
la «adopción» de un conejo de pigmeo en peligro de extin-
ción y los fans en Corea adoptaron a cinco ballenas para
celebrar uno de los cumpleaños de RM.

Uno de los ejemplos más famosos puede que sea cuando

Al igual que
sus ídolos,
los ARMY también
se interesan
en averiguar cómo
pueden ayudar
a la sociedad.

173

los ARMY participaron en la campaña de 2018 que organizó Star Wars: Force for Change. Cada vez que una persona utilizaba el *hashtag* #RoarForChange en las redes sociales, Star Wars: Force for Chance se comprometía a donar un dólar a Unicef. Sabiendo que Unicef era la organización benéfica que BTS prefiere, el periodista de televisión George Pennacchio solicitó la ayuda de los ARMY y unas horas después habían conseguido los suficientes tuits para obtener la donación máxima del millón de dólares.

Aparte del club de fans y de las redes sociales, los ARMY tienen otros sitios donde también prosperan. Algunos de ellos son la aplicación Amino, el blog Allkpop y el foro Bangtan Base. En ellos encontrarás reseñas, comentarios y teorías, sobre todo acerca del significado de los vídeos, pero también análisis minuciosos de las canciones, de la ropa, del peinado y de casi cualquier aspecto relativo a los miembros de BTS. Con frecuencia los debates son el resultado de una búsqueda detallada o una laboriosa traducción y son una lectura fascinante. Naturalmente, a los ARMY les gusta ser creativos, por lo que hay muchos dibujos del grupo en estos sitios. También hay muchos sitios con *fanfictions*, pero ten en cuenta que la mayoría no son de calidad y que el contenido puede no ser adecuado para menores.

Una excepción fue *Outcast*, un *fanfic* que apareció en enero de 2018 en Twitter. La historia, contada por @flirtaus a través de una serie de «mensajes», empieza con un intercambio de mensajes entre J-Hope y Suga sobre una persona desaparecida y siguió hasta incluir a todos los miembros. Acabó siendo una especie de juego de supervivencia durante cinco noches en donde los fans votaban cada noche por su solución favorita al momento de suspense que logró casi 300.000 seguidores.

En otoño de 2017, también en Twitter, un grupo de baile llamado Williams Fam subió su propia coreografía para algunas partes de la canción «Go Go» de BTS. Cuando BTS lo retuiteó, Fam decidió plantear un Go Go Challenge, inspirando a los ARMY de todo el mundo a compartir sus propios intentos. Lo que es fantástico de esta comunidad vibrante en Internet es que todos los ARMY forman parte de BTS y sienten un fuerte vínculo con ellos. Después de todo, solo los más afortunados tienen la oportunidad de asistir a los encuentros con los fans, los *festa* o las sesiones *hi-touch*, pero como BTS se embarca en una gira mundial en 2018 y 2019, con suerte habrá más oportunidades para que otros miles puedan ver a los Bangtan Boys en persona.

Aquellos que nunca han visto un concierto de K-pop se sorprenden con las actuaciones en vivo de BTS, con un grado de participación del público nunca visto en Estados Unidos ni en Europa. BTS pone toda la carne en el asador en sus actuaciones. Estas, normalmente, superan las dos horas de duración, ya que proyectan vídeos especiales, cantan una selección de canciones cuidadosamente escogidas entre las nuevas y las favoritas, se cambian de vestuario y se relacionan con el público. Y es el público quien mejora la experiencia con consignas, palos de luz y carteles.

La consigna más común entre los fans es una en el que mencionan los nombres de los miembros. Normalmente se canta a principio de las canciones o, a veces, durante las pausas instrumentales. Es tan importante cantar los nombres en el orden correcto («¡Kim Namjoon! ¡Kim Seokjin! ¡Jung Hoseok! ¡Park Jimin! ¡Kim Taehyung! ¡Jeon Jungkook!») como acabar gritando «¡BTS!». Otras consignas son los ecos de palabras o frases de las canciones o respuestas a ciertas palabras. Hay consignas de fans para casi todas las canciones, a excepción de los solos, aunque se grita el nombre del miembro que está actuando durante las pausas. Si eres uno de los afortunados que consigue entradas para un concierto de BTS, vale la pena que te estudies las consignas en YouTube (el canal Mnet K-pop es un buen lugar por donde empezar) antes y practicar, aunque si no tienes esa oportunidad, siempre puedes unirte a la consigna «¡BTS!».

Cualquier persona nueva en el K-pop puede sentirse intrigada por los miles de puntos de luz que salen del público

175

Y es el público quien mejora la experiencia [del concierto] con consignas, palos de luz y carteles.

e incluso más sorprendida cuando todos cambian de color a la vez. El palo de luz es un accesorio imprescindible del K-pop. Cada grupo tiene su color y BTS se ha apropiado del gris plata. El palo de luz oficial de BTS se llama bomba de los ARMY y tiene un globo esférico al final de un mango corto. La luz puede quedarse encendida, destellear o atenuarse, y cuando en un concierto la conexión Bluetooth sincroniza los colores de las luces con las del escenario, el efecto es impresionante.

A los ARMY de todo el mundo se les han ocurrido sus propias formas especiales de conectar con el grupo. Reparten carteles, deletrean mensajes con los palos de luz o incluso cambian las letras de las canciones para expresar su amor al grupo. Los ARMY comprometidos suelen organizar esto a través de los grupos de Twitter o en el mismo día, entregando tarjetas con consignas o imprimiendo las instrucciones de cómo unirse.

176 Todas estas actividades ayudan a reforzar el vínculo entre los ARMY y BTS en los conciertos en vivo, pero solo hay una canción que los une por encima de todo. La canción «Two! Three! (Still Wishing for More Good Days)» fue un regalo de BTS a los ARMY y cuando la tocan en vivo da pie a que los ARMY se unan… ¡y hay veces que siguen cantando aun cuando la música ha parado! BTS y los ARMY son inseparables; se inspiran y apoyan mutuamente. El grupo nunca se olvidará de sus ARMY y estos son totalmente leales y devotos. A medida que BTS se vuelve cada vez más famoso, los AMRY se hacen más fuertes y trabajan cada vez más duro para apoyarlos. Como BTS diría: «*Hwaiting!* [ánimo]».

BTS y los ARMY son inseparables; se inspiran y se apoyan mutuamente.

BOMBA BANGTAN
BTS «고민보다 GO» STAGE WITH ARMY
~PERFECT VOICE~

Si necesitas una prueba de lo especial que es la relación entre los ARMY y BTS, mira este vídeo. Mientras los chicos grababan su regreso al escenario cantando «Go Go», los ARMY también participan. Palo de luz en mano y acompañando las canciones con consignas bien ensayadas, son una parte vital del espectáculo, y BTS lo sabe. Sus palabras de gratitud desde el escenario demuestran cuánto aprecian la dedicación de los ARMY.

19

Sobrevolando América

*E*n el mensaje que se emitió en V-Live en 2016, BTS rememoró «A Typical Trainee's Christmas», la compleja canción que habían grabado cuatro años atrás. Por un segundo, parecía que tomaban conciencia de lo lejos que habían llegado. Y cuando recordaron las cartas que habían enviado desde el Poblado de Papá Noel, en Finlandia, los que se acordaban de lo que habían escrito (las cartas todavía no habían llegado) confesaron que su deseo había sido ganar un premio *daesang*. Seis meses después ¡habían ganado dos!

El 19 de enero de 2017, a pesar de que arrasaron en los Music Awards de Seúl, llevándose a casa el premio *bonsang* (al mejor álbum) por *Wings*, el de mejor videoclip por «Blood, Sweat & Tears» y el de mejor actuación masculina, fue el grupo EXO quien se hizo con el *daesang*. Algo parecido había ocurrido, unos días antes, en los Golden Disc Awards, pero no importaba, no hay mal que dure cien años si eres un Bangtan.

Los integrantes de BTS estaban de actualidad y la fama los llevó a ocupar numerosos titulares. En enero, se publicó que BTS y Big Hit habían donado, en secreto, una importante suma de dinero a organizaciones benéficas relacionadas con la ayuda a las familias de las víctimas del naufragio del ferri Sewol*, que tuvo lugar en 2014. De las casi 300

---

* El 16 de abril de 2014, en la isla de Byungpoon (Corea del Sur), tuvo lugar el naufragio del ferri Sewol, en el que fallecieron 293 personas y 13 resultaron heridas.

personas que perdieron la vida en el accidente, la mayoría eran alumnos de un instituto, que iban de excursión a la isla de Jeju, el lugar favorito de BTS. Cada integrante donó alrededor de 7.000 euros y Big Hit añadió 72.000 euros más. ¿Por qué tanto secretismo? El motivo es, simplemente, que lo hicieron porque quisieron, no para hacer publicidad.

Era el momento de organizar un pequeño regreso. Las fotos de la promoción se inspiraron en *Wings*. Entre confeti, el grupo posó, mucho más relajado, enfrente de un edificio antiguo salpicado de pintura y en una parada de autobús, situada frente al mar. Se les veía felices, vestidos con ropa *casual* y, algunos de los integrantes, habían vuelto a teñirse el pelo. Suga llevaba mechas azules, RM se había pasado al morado y Jimin al rosa chicle.

El 13 de febrero lanzaron un miniálbum con cuatro nuevas canciones que se tituló *Wings: You Never Walk Alone*. En el canal V-Live se emitió un vídeo de presentación que duraba sesenta minutos (gran parte de los cuales se dedicaron a jugar al Twister), en el que explicaban que el motivo de ese *look* más *casual* y juvenil (J-Hope llevaba, entonces, el pelo rubio platino) era que habían querido reflejar las nuevas historias que contaban en esa ampliación especial de *Wings*. Las cuatro canciones inéditas, según afirmaron, las habían compuesto integrantes del grupo como mensajes de consuelo y esperanza.

Alrededor de una hora después, se publicó el videoclip de uno de esos temas, «Spring Day». Una vez más, quisieron ir un poco más allá, ya que fundieron sus habituales *beats* y su sonido electrónico con un estilo más *indie* rock. No resultó ser su canción más pegadiza, pero la línea vocal llenó la melodía de tanta emoción que consiguió dejar huella.

Una vez más, quisieron ir un poco más allá.

El vídeo es una maravillosa obra audiovisual llena de colores pastel, contrastes y luces tenues, que incluye un viaje en tren, una montaña de ropa, a Jimin llevando unas zapatillas en la mano y un hotel llamado Omelas, en referencia a un relato corto de Ursula K. Le Guin, en el que la felicidad de los habitantes de una ciudad con ese nombre depende de la tristeza perpetua de un único niño. Por supuesto, a los ARMY se les ocurrieron numerosas teorías fascinantes sobre cuál podía ser el significado del vídeo. Cuando se les preguntó si el videoclip pretendía hacer un guiño a la tragedia del ferri Sewol, RM, que había coescrito la canción con Suga, admitió que ya había leído aquella suposición, pero contestó: «Los espectadores pueden interpretar la canción o el vídeo de muchas formas distintas y depende de cada persona, así que nos gustaría dejarlo abierto».

«Spring Day» se convirtió, inmediatamente, en el número uno de todas las listas de éxitos. La cantidad de descargas casi colapsó la plataforma musical Melon. Alcanzó el primer puesto de la lista de iTunes en trece países diferentes y llegó a la octava posición en la de Estados Unidos, convirtiendo a BTS en el primer grupo de K-pop en colarse en el top diez.

Mientras el mundo todavía estaba digiriendo lo último de BTS, sus integrantes sacaron otra canción explosiva. «Not Today», que contrastaba totalmente con el éxito de la semana anterior, ya que era una revolucionaria declaración de poder y energía. El videoclip se centraba en la coreografía, aunque Big Hit también publicó un vídeo en el que salían bailando durante ocho minutos y en el que les apoyaba un ejército de bailarines encapuchados y vestidos de negro. En el vídeo, otra obra maestra de Keone Madrid, los integrantes de BTS alternan movimientos elegantes con piruetas fugaces y saltos de precisión militar. A través de un ritmo hipnótico y provocativo, defienden que quizá perdamos en el futuro, pero hoy no. Hoy luchamos y nos defendemos.

Se publicaron dos versiones de *You Never Walk Alone* y cada una ofrecía una portada diferente. En la versión rosa, aparece una foto del edificio abandonado manchado de pintura y, en la versión verde, se ve la parada de autobús vacía. Aun así, los dos packs incluyen imágenes de gran calidad de cada reportaje fotográfico y van acompañados, como de costumbre, de postales y pósteres.

Además de los dos temas ya publicados, había otras dos canciones nuevas en el álbum: Una de ellas era un *remix* de «Interlude: Wings», que con estilo *break dance* y un nuevo verso de J-Hope, pasó a convertirse en «Outro: Wings». La otra canción, la última del álbum, era totalmente inédita. «A Supplementary Story: You Never Walk Alone» recoge el mensaje de esta segunda parte. Se trata de un rap pausado que sigue el estilo vocal de BTS, en el que Suga y J-Hope incluso cantan algunos de los versos, y que añade algo de tranquilidad a la crudeza que predomina en muchas de las otras canciones. Si permanecemos juntos, dice, todo irá bien.

BOMBA BANGTAN
BTS'S '봄날' WON @ MUSIC BANK (FEAT. 봄날 NEW DANCE BY JIN)

BTS solo promocionó «Spring Day» durante una semana y, aun así, acabó ganando cuatro premios musicales. Esta bomba muestra imágenes de la tercera de esas victorias, en el *backstage* de los escenarios del programa *Music Bank*. Los agradecimientos a los ARMY son conmovedores y muy graciosos, pero la verdadera atracción de esta bomba tiene lugar en la segunda parte del vídeo, donde se ve a Jin intentando bailar «Spring Day» al final del programa. Si quieres ver cómo quedó en la emisión real, puedes encontrarlo en YouTube.

La gira 2017 BTS Live Trilogy Episode III: The Wings Tour arrancó el 18 y 19 de febrero con dos conciertos en la que pasaría a convertirse en su nueva «casa», el estadio de béisbol Gocheok Sky Dome, en Seúl. Durante la actuación, se encargaron de que cada integrante diera las gracias a los fans por el premio *daesang*, ya que, como señalaron, lo habían ganado juntos. Suga se puso poético y dijo que BTS era un ala y, los ARMY, la otra y, por eso, podían volar juntos. Jin bromeó afirmando que su belleza debía ser contagiosa porque se había ido pasando a los demás y RM contó que, tras leer las cartas de los ARMY, tenía la sensación de que caminaban juntos hacia el futuro. Sin embargo, fue J-Hope quien hizo saltar las lágrimas. Confesó que, aquel día, era su cumpleaños (cosa que ya sabíamos) y explicó lo privilegiado que se sentía al contar con la presencia de su madre, a quien le dedicaba la canción que iba a interpretar en solitario.

En marzo, viajaron a América del Sur. La primera parada fue Chile. Cuando actuaron allí en 2015 solo vendieron la mitad de las localidades del Movistar Arena, pero, esta vez, lo llenaron por completo y, como las entradas se agotaron casi inmediatamente, organizaron un segundo concierto. Las escenas que se vivieron a su llegada al aeropuerto, en su hotel de Santiago y en el estadio recordaban al fenómeno Beatle y demostraban que los ARMY chilenos eran los más apasionados del mundo.

El *New York Times* llegó a escribir un artículo que afirmaba que el nivel de apoyo que brindaron los chilenos al grupo coreano superaba el de grupos como One Direction. RM explicó: «Hablamos de nuestra confusión y de nuestras crisis emocionales con toda la sinceridad posible y creemos que, quizá, los fans chilenos tienden a conectar con estos valores de una forma más profunda que los fans de otros países».

Durante la gira, desviaron un poco su recorrido y se desplazaron hasta México para abrir el primer festival KCON que se celebraba en Latinoamérica. Fue una locura. Los ARMY unieron sus manos en el aeropuerto para formar su propia guardia de honor y el grupo prendió fuego al escenario, interpretando todos sus éxitos. Después, jugaron al KCON's Piñata Time Game, en el que una piñata virtual les iba dando órdenes, como lanzar besos al público o posar para las fotos de sus fans.

Se calcula que unos 8.000 ARMY fueron a recibirles al aeropuerto de Brasil. De hecho, había tantos fans que los chicos tuvieron que escabullirse por una puerta trasera. El teatro Citibank Hall solo cuenta con capacidad para 7.000 personas, así que todo parecía indicar que iba a haber algunos fans decepcionados. Sin embargo, aquellos que sí pudieron asistir al concierto fueron testigos de algo verdaderamente especial. Más adelante, el grupo confesaría a la página web Distractify que el momento en el que los fans empezaron a bailar de forma sincronizada fue uno de los mejores de la gira: «Cientos de fans se pusieron a bailar con nosotros desde sus asientos, como en un *flashmob*. ¡Fue alucinante!».

Hay un momento inolvidable en la historia de BTS. En la canción que interpreta RM, hay un verso recurrente en el que canta que desearía quererse a sí mismo. En su primera actuación en São Paulo, cada vez que cantaba esta frase los ARMY gritaban a pleno pulmón: «¡Te queremos!». La noche siguiente, confesó que había escuchado los gritos y cambió la letra a «Yes, I do love myself [Sí, me quiero a mí mismo]». En las redes sociales de BTS, las noticias vuelan y, en el siguiente concierto y durante el resto de la gira, se repitió este momento tan especial entre RM y los ARMY, una y otra vez, por todo el mundo. ¡Gracias, Brasil!

En 2017, *Run BTS!* volvió con nuevos episodios. En el número 11, «High School Skit», se puede ver a los chicos echándose a suertes los papeles que interpretarían en una obra ambientada en un instituto y, finalmente, se decidió que V haría de empollón, J-Hope de *emo* y RM se pondría en la piel de un chico tímido pero encantador que quiere ganarse el corazón de una nueva compañera, interpretada de forma brillante por Suga. El episodio 23 es otro de los imprescindibles. Los integrantes de BTS adoran a sus perros, por lo que les encantó que los emparejaran con un amigo de cuatro patas. Cuando los perros escogieron dueño, y después de jugar juntos durante un rato, se llevó a cabo una competición en la que había que superar una serie de pruebas. Es maravilloso ver la química y el cariño que se genera entre los chicos y sus perros en tan poco tiempo.

> ## BOMBA BANGTAN
> ## JUNGKOOK WENT TO HIGH SCHOOL WITH BTS FOR GRADUATION! – BTS (방탄소년단)
> ¡Madre mía! El *maknae* está para comérselo mientras recoge su diploma, vestido con su traje de graduación. Y si su canción «Begin» no deja claro lo mucho que quiere a sus compañeros, echa un vistazo a su reacción durante la ceremonia (y a su alegre anticipación del convite de graduación, con un menú a base de *noodles*).

También es necesario ver el episodio 31, en el que juegan a juegos de programas de televisión antiguos. Si los espectadores que no sean coreanos no lo entienden del todo, pueden avanzar el vídeo hasta la mitad, donde juegan al «juego medio dormido», en el que, al despertarse tras dormir durante media hora, tienen que recordar una canción infantil que, en este caso, es «The Cool Tomato Song». Se les puede ver en pijama, durmiendo profundamente (Jungkook no llega a despertarse ni cuando se cae de su cama hinchable) y, cuando se despiertan, tienen que cantar. Es una joya de BTS.

Se retó al grupo a grabar su propio videoclip en el hotel de Chile en el que se hospedaron durante la gira Wings. RM fue el director, Jungkook el cámara y Jin el coreógrafo. Grabaron un videoclip de «Spine Breaker» en sus habitaciones, en el restaurante e, incluso, en el ascensor. El resultado no fue, exactamente, el de «DNA», pero se lo pasaron bomba grabándolo.

Después de ganar su querido *daesang*, el nuevo objetivo de BTS se trasladó a miles de kilómetros. Querían triunfar en Estados Unidos. Querían saborear la gloria de entrar en la lista *Billboard* y llenar estadios como Beyoncé o Justin Bieber. Y estaban en ello. Entraron en la *Billboard 200*, así como en el top diez de la lista de sencillos de iTunes, pero la mayor prueba de que en Estados Unidos empezaban a interesarse por ellos vino cuando Wale y RM colaboraron en un sencillo de rap político llamado «Change».

Las entradas para sus conciertos del 23 de marzo, en Newark (Nueva Jersey), y del 1 de abril, en Anaheim (California), se agotaron en cuestión de horas. Se vendieron tan rápido que ni siquiera los productores se lo esperaban. Cada concierto se amplió, rápidamente, a una noche más y, como se dieron cuenta de lo famoso que se había hecho aquel grupo de K-pop, entre medias programaron una actuación en Chicago. En total, se vendieron 60.000 entradas a lo largo de todo el país. «Siempre quisimos triunfar en Estados Unidos, pero pensábamos que no era más que un sueño —confesó RM a la revista *Orange County Weekly*, antes de actuar en Anaheim—. Ni siquiera cuando supimos lo de *Billboard* pensamos que pudiéramos llegar a vender todas las entradas de cinco conciertos, así que estamos un poco en plan: "Vale, ¿Qué está pasando aquí?". Y, ahora, todos (los integrantes del grupo) creemos que es hora de aprender inglés.»

El nuevo objetivo de BTS se trasladó a miles de kilómetros. Querían triunfar en Estados Unidos.

A excepción de RM, su inglés no ha mejorado mucho, pero hacen todo lo posible para comunicarse con sus fans. En Chicago, Jungkook anunció: «Estamos muy, muy lejos, pero siempre estaremos juntos», y RM se regodeó un poco señalando que su compañero había practicado esa frase «un millón de veces». Desde luego, la falta de fluidez no les ha impedido desarrollar una magnífica relación con los ARMY de Estados Unidos.

«La verdad es que nos daba miedo actuar en solitario en Estados Unidos —contó RM a la publicación *Orange County Register*—. Pero, en cuanto pisamos el escenario, el miedo se esfumó. Los fans son como amigos, se saben todas las canciones, incluso las de rap.» Los ARMY estadounidenses desarrollaron, incluso, una forma propia de demostrarles su afecto. Cuando el grupo terminó la actuación, mientras suplicaban por un bis, cubrieron sus palos luminosos y sus teléfonos móviles con bolsas de plástico de colores, que habían sido repartidas por los fans con antelación, creando un increíble efecto arcoíris por todo el recinto.

Para el público acostumbrado a ir a conciertos en Estados Unidos, su actuación fue asombrosa. No se trataba solo de que el vínculo entre los fans y el grupo fuera algo que, probablemente, no se hubiera presenciado antes, sino que, durante un agotador concierto de dos horas, la energía y la perfecta sincronización fueron increíbles. No es de extrañar que cientos de personas que habían asistido por pura curiosidad salieran de allí convertidos en auténticos fans.

> Durante un agotador concierto de dos horas, la energía y la perfecta sincronización fueron increíbles.

BTS abandonó el continente americano y trasladó su gira a Asia, para visitar Tailandia, Indonesia, Filipinas y Hong Kong y, en todas partes, recibieron la misma calurosa bienvenida. Unas semanas después, el 21 de mayo, volvieron a Estados Unidos, esta vez a Las Vegas, para pasear por la alfombra roja o, más bien, magenta, de los Billboard Music Awards. El hecho de que estuvieran allí quería decir que eran oficialmente conocidos, aunque parece que muchos de los asistentes no fueron capaces de reconocerlos, a juzgar por los comentarios que recibió Jin en Twitter y en los que se referían a lo guapo que iba bajo el *hashtag* #ThirdOneFromTheLeft.

La ceremonia de los Billboard Music Awards es una de las más relevantes en Estados Unidos y ningún grupo de K-pop había sido jamás nominado y, mucho menos, había ganado ningún premio antes, por lo que se puede llegar a entender la sorpresa que se llevó BTS al ganar el premio a mejor artista en redes sociales, un premio concedido por los fans que, durante los seis años previos, se había llevado Justin Bieber. Habían batido todos los récords, BTS ganó el premio al acumular trescientos millones de votos *online* (muchos fans no dudaron en votar más de una vez).

> BTS ganó el premio al acumular trescientos millones de votos *online*.

Como mucha gente en Estados Unidos, algunos artistas norteamericanos empezaron a darse cuenta de lo que pasaba con BTS. Halsey y los Chainsmokers fueron fotografiados con ellos durante la ceremonia, Suga contó que había conocido al rapero Drake y V presumió de que, cuando Celine Dion escuchó que era un gran fan de toda la vida, invitó al grupo a su próximo concierto. Otros se declararon fans, como los actores Ansel Elgort y Laura Marano o como Camila Cabello, que escribió en Twitter: «Son supermonos».

Todavía en una nube, después de varios días, los integrantes de BTS consiguieron dar las gracias en persona a algunos de los ARMY. El 26 de mayo, llevaron su gira Wings a Sydney (Australia). Era su segunda visita a ese país, pero, en cuanto aterrizaron, se dieron cuenta de que su número de fans había aumentado notablemente. Se habían vendido todas las entradas en cuestión de pocas horas y en el Qudos Bank Arena la multitud se había multiplicado por seis desde su gira Red Bullet.

Uno de los miembros del grupo siente un cariño especial por Australia. Cuando era pequeño, RM pasó algún tiempo allí con su familia y las primeras palabras que pronunció en el escenario fueron: «Buenos días, colega», con un acento australiano que mantuvo hasta el final del concierto, que cerró diciendo: «Debo decir que vivís en un país maravilloso. Ayer estuve en el Opera House y vi a la gente sentada en el césped y el mar, y el viento... fue genial. Así que, si no pudiera vivir en Corea, viviría en Australia». Los fans australianos disfrutaron cada segundo del concierto y reaccionaron con gritos ensordecedores durante las canciones en solitario, los últimos éxitos y el *mix* «Rocket through the history of BTS» (© Jin). Los Bangtan Boys habían, si no conquistado, afianzado su lugar en otro país.

El 29 de mayo de 2017, protagonizaron un regreso triunfal a Seúl. Organizaron una rueda de prensa, para la que se pusieron los trajes que habían llevado en la alfombra magenta de los Billboard Music Awards y durante la que lucieron su premio, explicando, con mucha modestia, cómo había sido su tremendo éxito en Estados Unidos. Inevitablemente, se les preguntó a qué estarían dispuestos para seguir cosechando éxito en Norteamérica y lo cierto es que esta pregunta se repitió varias veces, a lo largo del año siguiente. ¿Grabarían una canción en inglés? RM respondió que no entraba en sus planes debutar de forma oficial en Estados Unidos porque querían seguir haciendo lo que mejor se les daba. Explicó: «Queremos seguir rapeando en coreano y haciendo cosas que solo BTS puede hacer, antes que cambiar para encajar en un nuevo mercado». La integridad ha sido siempre una de las características esenciales de BTS. Fue un alivio para los ARMY de todas partes saber que todavía no estaban preparados para comprometerse.

20

Esta es vuestra era

 *A*unque todo apuntara a que los fans de Estados Unidos, Inglaterra y Australia tendrían que esperar mucho tiempo antes de que BTS sacara una canción en inglés, las versiones japonesas de sus canciones estaban demostrando ser toda una jugada maestra por parte de Big Hit. «Chi, Ase, Namida», la versión nipona de «Blood, Sweat & Tears», salió en mayo de 2017 junto a un nuevo videoclip, una vívida y a veces psicodélica alternativa a la versión original coreana. Llegando a lo más alto de la lista de éxitos *Billboard Hot 100* y la de *Oricon*, esta canción igualó inmediatamente a «For You». Un comienzo nada malo para el recién estrenado sello discográfico del grupo en Japón, el legendario sello de hip-hop Def Jam, que también era ahora el hogar de las canciones de Justin Bieber y Kanye West entre otros muchos.

Entre finales de mayo y principios de julio, los chicos actuaron en trece conciertos de Wings delante de alrededor de 145.000 seguidores por todo Japón. Allí, BTS estaba rompiendo récords sin precedentes de ventas de grupos extranjeros, y, cada vez, más y más japoneses eran capaces de reconocer su nombre. Incluso hicieron su primera aparición en un programa de variedades japonés, *Sukkiri*, en el cual demostraron sus habilidades con la lengua nipona e hicieron la puesta en escena de «Chi, Ase, Namida».

Mientras estaban de gira, también los invitaron al famoso estadio Koshien para ver un partido de los Hanshin Tigers contra los Nippon-Han Fighters. Aparte de J-Hope,

189

que llevaba su número de la suerte, el 7, y Jimin, con el del día en el que nació, el 13, los chicos llevaban camisas de los Tigers con los años en los que nacieron en la espalda. Además, Jungkook fue el elegido para hacer el primer lanzamiento de honor del partido enfrente de un estadio en el que no cabía ni un alfiler. El Golden Maknae, para deleite de todos los asistentes, procedió a añadir el béisbol a su larga lista de talentos con el que sería un lanzamiento mucho más que decente. «Ese es Jungkook —dijo alguien—, ¡siempre bien afinado!»

Aunque estuvieran en Japón, BTS no iba a olvidarse bajo ningún concepto de su *festa*. Junio de 2017 marcó su cuarto aniversario y, al igual que venían haciéndolo ya desde hacía tres años, querían celebrarlo con sus queridos ARMY. Las celebraciones empezaron con una colección de imágenes del año de los chicos en Facebook, la estimada versión de Jungkook y Jimin de la canción «We Don't Talk Anymore», de Charlie Puth y Selena Gomez, y la publicación en YouTube de dos «bailes para la puesta en escena» especiales: los vídeos para practicar la coreografía de «Not Today» y «I Like It Pt. 2», los cuales, en vez de grabarse en su estudio habitual, tuvieron que hacerse en un gimnasio para tener el espacio suficiente para acomodar a todos los bailarines acompañantes. ¡También hubo una sorpresa! Mostraron un nuevo y maravilloso vídeo grabado por ellos mismos en una actuación en directo en Sídney, por lo que podremos ver a los ARMY cantando a pleno pulmón, y también imágenes muy de cerca de ellos interpretando y dándolo todo en el escenario.

Las ya tradicionales fotos de familia proporcionaron, como de costumbre, momentos muy graciosos entre los que se incluye la desternillante actualización de la imagen que subieron en 2014 ataviados con ropa escolar (lo que dio paso a los grititos de sorpresa y a los «¡Cómo han crecido!»).

El punto culminante del *festa* fue su «home party» en Corea, una velada íntima en el Woori Art Hall, situado

> Ese es Jungkook [...] ¡siempre bien afinado!

190

en el parque olímpico de Seúl. Los miles de entradas disponibles solo se pusieron a la venta para aquellos que se hubieran unido recientemente al club de fans, aunque el evento también se emitió en directo a través de V-Live, donde todavía está disponible con subtítulos en inglés.

Después de una graciosa introducción en la que representaron el videoclip de «Blood, Sweat & Tears» de nuevo en su residencia, los chicos se dividieron por equipos según en qué habitaciones dormían. Los equipos quedaron así: el equipo R&V (RM y V), el equipo 3J (J-Hope, Jimin y Jungkook) y el equipo Sin (Suga y Jin).

A lo largo de toda la fiesta jugaron a juegos, participaron en un concurso de preguntas sobre sus compañeros de habitación e hicieron actuaciones por equipos. El equipo R&V cantó en directo por primera vez la canción que compusieron ellos mismos, titulada «4 O'Clock»; el equipo Sin colaboró con Jin en el rap de Suga en «Nevermind», y Suga cantó «Awake». Finalmente, después de revelar unas imágenes particularmente enternecedoras de todos los integrantes del grupo de cuando eran bebés, regalaron al público un gracioso popurrí de sus canciones adaptadas para párvulos.

191

BOMBA BANGTAN
613 BTS HOME PARTY PRACTICE – UNIT STAGE

En esta serie de vídeos que conforman una bomba Bangtan de mayor duración, vemos al equipo 3J practicando sus movimientos para el gran espectáculo de *festa*. A pesar de que no puedas evitar sonreír al ver cómo se divierten, esta bomba también nos ayuda a hacernos una idea de lo duro que tienen que trabajar para hacer que las coreografías estén perfectas, y lo mucho que les gusta bailar en general, ya sea en el estudio, entre bastidores en los Billboard Music Awards de 2017 o en la habitación de hotel de J-Hope, ¡en la que Jimin practica con albornoz y mascarilla!

En el verano de 2017 apareció un segundo capítulo de *Bon Voyage* en su canal de V-Live. En este caso, nuestros chicos ponían rumbo al destino de sus sueños, Hawái. Como marca la tradición, iban vestidos con camisas hawaianas y sombreros de paja, y, a lo largo de los ocho episodios, vemos cómo disfrutan jugando al escondite en el hotel, haciendo *snorkel* y contemplando las estrellas tras deleitarse con una maravillosa puesta de sol.

Aunque en este caso no tuvieron que pasar las vicisitudes de su periplo nórdico, se vieron forzados a valerse por sí mismos para pedir la comida en el Ken's House of Pancakes, aunque, «Dios sabe cómo», Jimin consiguió que una camarera les ayudase. También, divididos en equipos, se les encomendó la tarea de encontrar el camino de vuelta a su alojamiento en Oahu. Fue a partir de ese punto cuando empezaron las aventuras cargadas de adrenalina, como cuando cogieron un helicóptero para sobrevolar un volcán activo (¡con Suga sentado al lado de la puerta abierta!) o se introdujeron en una jaula submarina para nadar junto a un grupo de tiburones.

Y la cosa no termina ahí; todavía tenían que disfrutar más antes de volver a la vida de *idol*. Así pues, se lo pasaron de lo lindo haciendo carreras a velocidades vertiginosas junto al mar con *quads*, y, en una tarde temática polinesia, hicieron salir a J-Hope, a Jimin y a V al escenario para marcarse un baile hawaiano al estilo Bangtan, como no podía ser de otro modo, en perfecta sincronía. En el último episodio podemos verlos dando un paseo en barco. V se muestra encantado cuando el capitán le deja tomar el timón, pero, a medida que va cogiendo velocidad, podemos percibir cierta alarma entre los demás pasajeros.

Por fortuna, el ambiente se relaja hacia el final de la aventura. Cada integrante escribió una carta dirigida a otro de ellos, y, se puede sentir la emoción en el ambiente cuando empiezan a recordar el momento en que se conocieron y se cuentan qué significan los unos para los otros. La carta con más carga emocional es la que V le escribió a Jimin, en la cual describe lo mucho que su coetáneo le ha ayudado en el transcurso de los años. Seguro que la mayoría de los ARMY que vieron la fiesta del baile final en el bote lo hicieron con los ojos vidriosos.

Mientras que el *festa* había dado la oportunidad a BTS de compensar a sus fans por todo el amor y el apoyo con el que los habían llevado a la fama, pronto podrían pagar otra deuda un tanto distinta cuando los invitaron a participar en las celebraciones del vigésimo quinto aniversario de Seo Taiji and Boys, el grupo que había propulsado todo el fenómeno K-pop. En 1992, una canción de este grupo que mezclaban rap y rock, y que llevaba «I Know» por título, entró en las listas de éxitos coreanas junto con las tradicionales *trot* (el estilo pop coreano más antiguo) y las baladas. Subió hasta lo más alto de las listas de éxitos y allí se quedó durante diecisiete semanas. Nada volvería a ser igual. No solo su sonido era distinto, sino que además las complicadas letras que cantaban también reflejaban la frustración de la población más joven. ¿A quién os recuerda esto?

«The Boys» (Yang Hun-suk y Lee Juno) dejaron el grupo en 1996 (con un Yang Hyun-suk que fundaría la gran compañía YG Entretainment), pero, durante las siguientes dos décadas, Seo Taiji siguió rompiendo barreras musicales. Ahora, con el álbum *Time Traveler*, recibía su merecido reconocimiento como padrino del K-pop. En este álbum podíamos encontrar nuevas versiones de sus canciones, y un concierto especial en Seúl. BTS fueron los invitados de honor en ambos casos.

Para el álbum, BTS revisitó el clásico «Come Back Home», de 1995. La versión original de esta cruda y oscura canción de rap habla sobre la presión que llevó a muchos jóvenes coreanos a huir de sus hogares. Así pues, pareció de lo más apropiado que BTS añadiera, en un estilo reminiscente de «No More Dream» y «N.O», sus propias frases de rap y un poco de la mágica lírica Bangtan, que incluía un falsete de Jin al inicio, en una impetuosa reinterpretación de esta canción

El 3 de septiembre de 2017, delante de 35.000 fans, Taiji, a menudo conocido en Corea del Sur por el apodo de Presidente de la cultura, hizo un repaso por su impresionante colección de éxitos en el estadio olímpico. El lugar que los Boys dejó vacío pasó a ocuparlo BTS, que entraban por turnos para servir de

193

vocalistas y bailarines de apoyo para su héroe. En los ensayos se dirigían a él como «padre», pero el respeto fluía en ambas direcciones. En un descanso del concierto, Taiji reconoció los logros de BTS, y los nombró sus sucesores, declarando que ahora «esta es vuestra era».

Si con eso quería decir que los BTS iban a encabezar esta generación de artistas K-pop, el cambio de logo y nombre de este verano reflejó su posición como una fuerza mundial. Seguirían siendo los BTS, pero en inglés ahora su nombre significaría «Beyond the Scene», más allá del escenario, a modo de tarjeta de visita para el mundo anglosajón. Al mismo tiempo, sacaron logos nuevos y complementarios para el grupo y para los ARMY. Eran dos cuadriláteros simples y elegantes que representaban unas puertas: las que los jóvenes atraviesan para llegar a la madurez. Tanto el grupo como los ARMY estaban ahora preparados para un nuevo capítulo en el viaje de BTS.

> Taiji reconoció los logros de BTS, y los nombró sus sucesores, declarando que ahora «esta es vuestra era».

194

Ya en mayo, durante la entrega de los premios Billboard de 2017, RM anunció en su discurso de aceptación: «Por favor, ARMY, recordad lo que decimos: "Me quiero, quiérete"». Esta frase volvió tres meses después a la mente de todos cuando el regreso de *Love Yourself* estaba ya fraguándose. Todo empezó con nuevos pósteres para cada uno de los integrantes del grupo, el primero de los cuales conmocionó a los ARMY, puesto que mostraba a un Jungkook en una silla de ruedas. Cada póster iba acompañado de un corto alegato personal en el que los miembros exponían su visión del amor, y en los cuales se percibe cierto toque de negatividad. Ejemplo claro de esto son las siguientes frases: «I lied, because there's no reason to love someone like me (He mentido, porque no hay ninguna razón para amar a alguien como yo)», o «Don't come closer, it will only make you unhappy (No te acerques más, eso solo te traerá tristeza)». Otro conjunto de pósteres que se publicó más adelante recogía a los integrantes, en parejas, en fotos entre luces y sombras; como siempre, Jin aparecía solo.

Cuatro vídeos cortos, ahora disponibles en un vídeo de trece minutos que recoge las partes más memorables, aparecieron posteriormente a partir de estas imágenes. Al igual que en anteriores vídeos, estos están cargados con simbolismos y referencias a historias previas, y, aunque estas generaran un implacable torrente de análisis en Internet por parte de los ARMY, también contenían narrativa que se podía disfrutar independientemente. En este vídeo se muestra a cada uno de los integrantes del grupo con la apariencia de chicos normales y corrientes (unos chicos normales que tienen, no obstante, unos flequillos de ensueño, un físico espectacular y van vestidos con unas estilosas prendas informales) involucrados en unas turbulentas situaciones románticas. Con la excepción de J-Hope y Jimin, cada uno se siente atraído por una mujer distinta, pero, a medida que las historias se desarrollan, la baja autoestima, la timidez, los celos, la frustración e incluso la tragedia aparecen para boicotear la posibilidad de que triunfe el amor verdadero. Y, para aquellos que todavía estén preocupados, Jungkook, a la larga, vuelve a levantarse.

El miniálbum *Love Yourself: Her* estaba preparado para aparecer en cuatro versiones (L, O, V y E), por lo que se publicaron cuatro colecciones de fotos distintas. En este caso sin los ojos ahumados y peinados alucinantes. El estilismo era natural, y los cortes de pelo también. Jimin, Jin, V y Jungkook se decantaron por los colores sutiles, mientras que J-Hope, quien atrae casi toda la atención, opta por un color al cual los fans han llamado *pumpkin spice* o polvo de calabaza.

En las fotos para L y para O, los chicos llevan unos colores apagados y las imágenes tienen una atmósfera relajada y de ensueño; en cambio, en las de V y E encontramos a los chicos con ropa deportiva y unos escenarios más vibrantes. Por otra parte, en el tráiler, nos encontramos con un atractivo Jimin (¡con el pelo rubio!) que estaba solo en un lugar en el que confluían una brillante habitación blanca con el océano y la galaxia. En un artículo para la revista *Vogue*, Suga explicó que «son chicos enamorándose. Hay cuatro versiones distintas del amor, por lo que hemos realizado cuatro tipos distintos de fotografías para plasmarlas. A través de todas ellas se transmite el mismo sentimiento de amor, a pesar de que sean diferentes. Hay una sensación de jugueteo, de amigos disfrutando del tiempo libre tranquilamente en casa, y ese tipo de sentimiento de revoloteo».

Fue el colorido *look* (además de un montón de vaqueros y la fabulosa chaqueta Gucci de piloto con lentejuelas de Jimin) el hilo conductor en este vídeo centrado en el baile para la canción principal, «DNA». Los chicos aparecen con un amplio surtido de colores contra los caleidoscópicos fondos que pasan de un estilo bastante hortera de gráficos de ordenador retro a rayas de colores, torbellinos, el espacio profundo, patrones geométricos y, en algunos casos, neón.

Su coreografía fue asombrosa: controlada, en algunos puntos intrincada e intercalada con una serie de movimientos asombrosamente rápidos. *Billboard* comunicó que, cuando la cantaron en directo en los American Music Awards (AMA) el 19 de noviembre, las cámaras no podían seguir el ritmo de su juego de pies. Algunos decían que era la secuencia más difícil que habían hecho hasta el momento y, en una aparición en V-Live, V dijo en broma: «Hemos conseguido perfeccionar esta difícil coreografía tras practicar durante más de cuatro horas, aunque J-Hope terminó en tan solo diez minutos».

Las cámaras no podían seguir el ritmo de su juego de pies.

En las ruedas de prensa y conferencias, queda patente que BTS veía *Love Yourself: Her* como el principio de una nueva era. RM se refería a él como el «segundo capítulo» del grupo, y dejó un mensaje en una quedada con sus seguidores en una cafetería en el que decía que el disco sería un punto de inflexión. Se trataba de un álbum con una grandísima variedad musical, con el que añadían nuevos invitados a los productores de siempre. Tal como estaba programado, retratan los sentimientos excitantes, extáticos, pero también de inquietud, de unos jóvenes que se enamoran, pero también, por primera vez, hacen uso de unas letras de género neutro con las que reconocen e incluso provocan a los seguidores, e incluyen una canción que va dirigida específicamente a su generación.

Cuando el álbum salió a la venta el 18 de septiembre de 2017, la primera canción fue, por descontado, una que ya nos sería familiar por el avance. Era la primera vez que se le daba este privilegio a un vocalista, que recayó sobre Jimin, quien canta con una delicada facilidad en «Serendipity», descrita como una «canción relajada de estilo urbano» que habla sobre un amor perfecto predestinado. Es un tema que también toca la canción principal, «DNA». La pegadiza y fácil de silbar melodía introductoria de Jungkook todavía está flotando en el aire mientras que empieza un tema de música electrónica de baile único basado en la guitarra acústica y un desglose del ya distintivo rap y líneas vocales.

BTS veía Love Yourself: Her como el principio de una nueva era.

En los premios Billboard, The Chainsmokers compartieron una foto que se habían hecho con el grupo que tenía por título «Love these dudes (Amamos a estos tipos)». Cuando tocaron en Corea, BTS se unió a ellos en el escenario para interpretar «Closer», y ahora el álbum incluía una colaboración entre los dos grupos. «Best of Me» es una clásica canción electrónica de baile: un himno totalmente inspirador con un coro pegadizo.

La siguiente en la lista, «Dimple», utiliza la melodía de «Illegal», de Allison Kaplan, y una letra escrita por el tío con los hoyuelos de los que más se habla de todo BTS, RM. No obstante, él se queda en un segundo plano a la vez que la línea vocal, más concretamente Jin, toma el control para hacer de esta una canción dulce y sensual. Esto nos lleva directos a «Pied Piper», una oda a sus fans... ¿verdad? Tamar Herman, de *Billboard*, dijo que esta era la canción más subversiva de la carrera de BTS, por la ofensa que plantea contra la propia cultura de fans incondicionales que les había ayudado a llegar tan lejos como lo habían hecho. Por encima de la música, suave, el grupo provoca despiadadamente a los ARMY de todo el mundo diciendo que, para ellos, son una distracción del trabajo escolar y de otros aspectos de su vida, pero, al mismo tiempo, disfrutan abiertamente celebrando lo irresistibles que son.

«Skit: Billboard Music Awards Speech» no es, en realidad, un *sketch*; es una grabación del histórico triunfo de BTS el

197

año anterior en los BBMA que abarca desde el anuncio de la victoria y los aplausos de los fans al discurso de aceptación de RM, y finaliza con un comentario que nos lleva hasta «MIC Drop». En esta, la línea de rap vuelve con ímpetu en una canción inspirada por el «OK, I'm done [De acuerdo, ya he tenido suficiente]» y el gesto del presidente Obama de soltar el micro en su última cena con los corresponsales de la Casa Blanca. Este rap, con un fanfarroneo escondido tras unas disculpas (perdón, no somos el fracaso que decías que seríamos) es una actualización del antiguo sonido Bangtan, acentuado por un coro que se te queda en la cabeza.

¿Acaso ha olvidado BTS su trasfondo social? Por supuesto que no. La siguiente canción, «Go Go», es prueba de ello. Puede que la melodía esté influenciada por la suave música disco tropical, pero las letras pegan con fuerza. En contraste con la música, la letra, desafiante y cargada de indignación, condena a la sociedad por dejar de lado a una generación joven despojada de ambición y expectativas para que busquen emociones a través del YOLO (*you only live once*, tan solo se vive una vez), un estilo de vida basado en el «gasta ahora y preocúpate después».

El álbum cierra con «Outro: Her», en la cual, sobre una relajada y exuberante instrumental, la línea de rap suena tan calmada que parece más bien que estén cantando. No hay pase de micros, simplemente un verso extendido para cada uno de los tres, con el que demuestran sus propios estilos y explican su punto de vista sobre las dudas de estar enamorado. Después de treinta minutos de diversos estilos de BTS y de crear nuevas ideas, sonidos y caminos, así es como termina el álbum.

La versión física del álbum regaló a los compradores dos pistas «secretas» más, que a BTS no les cuadraban en el concepto de «amor», pero que merecían estar incluidas de todos modos. «Skit: Hesitation and Fear» es una de sus conversaciones más reveladoras, cuya traducción vale la pena leer. Descubrirás el miedo que experimentaron cuando creían que no podrían llegar nunca a debutar, cómo nunca llegaron a tomarse las clases de inglés y japonés en serio, y el miedo de no saber si serían capaces de sobrellevar la fama. La canción «Sea», escrita y producida casi en su totalidad por RM, toma algunos de estos temas en una canción a la vieja usanza rap y vocal de BTS, que se mueve alrededor del refrán «Where there is hope, there are trials [Donde hay esperanza, hay dificultades]». Y ahí sí que acaba de verdad.

El 21 de septiembre de 2017, BTS hizo un programa de regreso oficial con un directo en el cual cantaron «MIC Drop», «Go Go» y «DNA», del último álbum, junto con «I Need U» y «No More Dream». En este programa pudimos ver a los chicos hablando del álbum y los recuerdos de los tiempos en los que nació BTS, como por ejemplo, cómo rememoraron los cástines, junto con algunos vídeos caseros graciosos.

En Corea del Sur, *Love Yourself: Her* batió todos los récords. Empezó como número uno en la lista éxitos de *Gaon*, y se convirtió en el álbum físico más vendido de los últimos dieciséis años, con cada una de sus canciones también presentes en la lista de las diez mejores de Melon, y arrasó en todos los programas musicales. «DNA» les valió otros diez premios, entre los cuales contamos su primera triple corona (tres semanas consecutivas) tanto en *Music Bank* como en *Inkigayo*.

199

BOMBA BANGTAN
GO (GO GO) DANCE PRACTICE
(HALLOWEEN VER.)

El especial de Halloween de este 2017, en el cual Blancanieves y los seis enanitos bailan «Go Go», es la bomba Bangtan más vista, con cerca de 50 millones de visualizaciones; esto no es como para sorprenderse, porque su ejecución fue impecable. Desde el momento en el que el juego de piedra, papel, tijera mete a V en el traje de Blancanieves, esta princesa robó todo el protagonismo con una gloriosa y socarrona actuación, que culmina con la manzana envenenada, aunque los enanitos, al borde del ataque de risa, le ofrecen un apoyo perfecto.

BTS finalizó su regreso con otra emisión especial. Con Jin en el papel de maestro de ceremonias, *BTS Countdown!* fue, claramente, una parodia de *M Countdown*, que incluyó listas de éxitos, escenarios musicales, una pequeña representación dramática y algunos segmentos de juegos, en los que BTS estuvo presente en todo momento. También incluye un segmento en el cual bailaban «Boy in Luv» pero solo de cintura para abajo, «Fire», con una coreografía a cámara lenta, y un castigo final en el cual el equipo perdedor (que en este caso fue el de V, J-Hope y Jimin) tenía que bailar al doble de velocidad la canción que fuera más votada como la mejor de toda la historia de BTS: «DNA».

Love Yourself: Her no iba a ser, bajo ningún concepto, un fracaso. Clara demostración de esto fue el más de un millón de reservas, un éxito que probablemente no habrían podido imaginar ni en sus mejores sueños. El mismo día en el que salió a la venta el álbum, inmediatamente, se colocó en el número uno de las listas de éxitos de iTunes en más de 70 países. Llegó al número uno en Japón en su segunda semana, se plantó en el número siete de la *Billboard 200* y, por primera vez en su historia, entró en la lista de los 40 principales del Reino Unido, donde llegó al número 14. Mientras tanto, también eran tendencia número uno en YouTube, un logro que ningún otro grupo de K-pop había sido capaz de alcanzar.

21

Solidaridad y homenaje a Seúl

*U*na vez finalizada la temporada de regreso, BTS tuvo la oportunidad de invertir tiempo en algunos proyectos humanitarios. Entre estos estaba principalmente el de apoyar #ENDViolence, una campaña organizada por UNICEF para evitar que los niños y adolescentes vivan con miedo a la violencia. Junto con Big Hit, patrocinaron el *hashtag*, aportaron casi 300.000 euros para la campaña y donaron el tres por ciento de los ingresos procedentes de las ventas de todos los álbumes físicos de la serie *Love Yourself*.

Lo siguiente en la lista de quehaceres era hacer un regalo a la ciudad que había sido su hogar, la capital surcoreana, Seúl. Con el fin de apoyar al departamento de turismo de la ciudad, sacaron una canción gratuita llamada «With Seoul», un alegre himno pop orquestal para la ciudad, cantado por la línea vocal. El vídeo, en el que aparecía todo el grupo grabando la canción con imágenes intercaladas de la ciudad, se publicó en la página web oficial de la oficina de turismo, que se colapsó inmediatamente con tantos fans intentando verlo.

BTS también encontró tiempo para ponerse creativos con sus rotuladores. Familiarizados con sus versiones en caricatura, BTS ya había visto a los Hip Hop Monsters y a los superhéroes del webcómic «We On». Ahora, la aplicación de mensajería japonesa Line les había dado la oportunidad de dibujar personajes para un conjunto de *stickers*. Acabaron creando un conjunto de siete adorables amigos: RJ, la alpaca amable que luce un pañuelo al cuello (Jin); Chimmy, el perrito dispuesto a agradar (Jimin); Shooky, la galleta mágica que tiene miedo a la leche (Suga); Mang, el poni bailarín que lleva una careta (J-Hope); la supercuriosa Tata con cara de corazón (V); Cooky, el conejito que quiere ser un tipo duro (Jungkook); y Koya, el koala dormilón (RM). Incluso inventaron un personaje para los ARMY, Van, un robot espacial protector. Si no los encuentras insoportablemente monos, no tienes solución.

En diciembre, los propios BTS recibieron un regalo: una nueva residencia. Bueno, era más bien un apartamento de lujo que una residencia, ya que se trasladaron a Hannam The Hill, la zona más cara y selecta de Seúl. Aunque muchos grupos de *idols* deciden vivir separados cuando se hacen famosos, BTS estaban tan unidos que prefirieron seguir juntos, aunque al menos ahora cada uno tendría una habitación propia.

Tampoco es que tuvieran demasiado tiempo para acomodarse, ya que pronto viajaron a Estados Unidos una vez más, pues les habían pedido que actuaran en los AMA de 2017, lo cual era todo un honor: era el primer grupo coreano que recibía una invitación así. ¿Podrían fascinar al público estadounidense con «DNA» cantando en coreano? ¿En su primera actuación televisada en Estados Unidos? Lo cierto es que se los metieron en el bolsillo desde el momento en que dijeron «hola».

Vogue, la autoridad en cuestiones de estilo, declaró que BTS «deslumbraron» en la alfombra roja con sus elegantes trajes negros, cortesía del diseñador de Saint Laurent, Anthony Vaccarello. «Posando juntos reforzaron su mensaje de un estilo compartido con un toque personal. No será la última vez que lo veamos», comentaba la revista con admiración. Antes incluso de llegar al escenario, la cámara sorprendió a los chicos bailando en sus asientos y vocalizando todas las letras de «Sorry Not Sorry» de Demi Lovato, pero nadie (excepto los miles de ARMY de todo el mundo) sabía lo que estaba a punto de suceder cuando The Chainsmokers presentaron a estos siete chicos de aspecto increíble con su atuendo de vaqueros y chaquetas de Gucci surtidas, preparados para interpretar «DNA».

Aunque muchos grupos de *idols* deciden vivir separados cuando se hacen famosos, BTS están muy unidos y prefirieron seguir juntos.

La coreografía fue impecable, la sincronización exacta y actuaron para el público, incluidos los telespectadores, con absoluta perfección. En resumen, su actuación fue inmaculada, pero aun así la reacción dejó a todo el mundo perplejo. Dirigida por un ruidoso contingente de ARMY, la multitud, estrellas incluidas, se puso de pie y les dio una ovación. «Necesito un momento para recuperarme de esa actuación», dijo el presentador Jared Leto inmediatamente después. No era el único.

La reacción tras el evento también fue increíble. Twitter ardió con más de veinte millones de tuits de los ARMY y de los nuevos fans sobre la actuación. «Lo único que le importaba a todo el mundo en los AMA era la *boy band* surcoreana BTS», fue el titular del blog de noticias *Mashable*. Y estamos hablando de una noche en la que también habían actuado artistas de renombre como Shawn Mendes, Selena Gomez y Christina Aguilera. BTS podría haberse codeado con estas estrellas de haber acudido a la fiesta privada que se celebró después. ¿Por qué no acudieron? Sencillamente porque querían compartir su primer momento fuera del escenario con sus fans. En una emisión en directo desde su habitación del hotel hablaron de la actuación, confesaron que Suga estaba tan nervioso que le temblaba el micro, y dijeron que varios artistas (a Jin lo mandan callar cuando menciona a Zedd) les habían ofrecido una colaboración.

Su actuación en los AMA 2017 fue impecable.

Sin embargo, un estadounidense se les había adelantado. El legendario DJ y productor Steve Aoki había remezclado «MIC Drop» para el mercado yanqui y el resultado estaba a punto de salir a la luz. El *remix* había transformado la canción en una pista completamente rap, ya que Aoki había superpuesto un ritmo dance, había introducido estrofas en inglés y había incorporado al rapero estadounidense Desiigner. El videoclip es magnífico. En él aparecen los chicos vestidos tanto del clásico estilo hip-hopero blanco y negro de BTS como con su nuevo *look* colorido. También aparece Aoki trabajando en la canción mientras BTS logran escapar

203

de una sala de interrogatorios y cargan contra sus *haters* encapuchados. Es muy emocionante.

Tras «descubrir» a los BTS, la televisión estadounidense quería más. Los ARMY acudieron en masa al programa *The Ellen DeGeneres Show*, y la presentadora incluso hace comparaciones con la recepción que los Beatles recibieron en Estados Unidos en los sesenta. Con la ayuda de un intérprete, Ellen les pregunta sobre los mensajes de «conciencia social» de sus canciones e incluso se atreve a preguntar si alguna vez se han «enrollado» con alguna de sus ARMY. Cuando, gracias al intérprete, entienden lo que quiere decir, la reacción de absoluta estupefacción de los chicos es una respuesta en sí misma. En el programa, interpretaron la nueva versión de «MIC Drop», lo que probablemente los ayudó a convertirse en el primer grupo de K-pop en alcanzar el número uno en las listas de éxitos de iTunes en Estados Unidos.

Antes de los AMA, grabaron un miniconcierto para *Jimmy Kimmel Live!* Delante de una multitud apasionada de unos miles de fans en Los Ángeles, cantaron «Go Go», «Save Me», «I Need U», «Fire» y «MIC Drop (Remix)», que se reprodujo en el programa (el concierto entero se subió al canal de YouTube de Kimmel). En un breve segmento del programa nocturno, Kimmel presentó a BTS y explicó la cantidad de ARMY apasionados que habían hecho cola para poder estar en el programa. En el vídeo se mostraba cómo se sacaba a algunas madres de las fans de la cola y se las llevaba al estudio. Una vez dentro, hicieron que llamaran a sus hijas por FaceTime para que se murieran de celos al ver cómo conocían a los chicos. Las chicas solo apreciaron esta gracia cuando por fin las hicieron entrar para que conocieran al grupo también.

Pero en el *The Late Late Show with James Corden* les esperaban más juegos y diversión. Antes de interpretar «DNA», los convencieron para que jugaran a un juego de Corden llamado «Flinch», en el que tenían que quedarse detrás de un panel de plexiglás e intentar no apartarse mientras Corden les disparaba fruta con un cañón de aire de alta presión. Jin y J-Hope, quienes, según RM, son los más cobardes del grupo, fueron los primeros, y le dieron la razón a su líder acobardándose (Jin) y tirándose al suelo (J-Hope). Aunque Jimin, Suga y RM, los últimos tres, se hicieron los valientes, se apartaron un poco, dejando al imperturbable V y al relajado Jungkook como ganadores. Es muy divertido y merece la pena que lo busques en Internet.

BTS dieron por concluido un año inolvidable cuando, en diciembre de 2017, acudieron al Gocheok Sky Dome en Seúl para las últimas actuaciones de una gira mundial de *Wings* en la que habían hecho treinta y dos conciertos en diez países diferentes. Fue un regreso triunfal: tres horas emocionantes de amor entre BTS y los ARMY que el *Korea Herald* describió como «emotivo, precioso y espléndido». Aquel no era solo el final de una larga gira, sino también el de una trilogía que había comenzado en 2014, en una época en la que muchos todavía los ponían en duda.

Más que nunca, el Año Nuevo fue un tiempo de celebración. El sencillo japonés publicado recientemente, «Crystal Snow», una balada preciosa y emotiva adornada con los conmovedores agudos de Jin, no solo había alcanzado el número uno en las listas de éxitos japonesas, sino que había llegado muy alto en las listas de iTunes de todo el mundo. Mientras, en Estados Unidos, el perfil del grupo seguía alto y sus actuaciones pregrabadas de «MIC Drop» y de «DNA» aparecían en el icónico programa de televisión *Dick Clark's New Year's Rockin' Eve with Ryan Seacrest*.

Cuando comenzó la temporada de premios, millones de personas de todo el mundo seguían el progreso de BTS y las expectativas eran altas. No decepcionarían. Recogieron *daesangs* en los MAMA (¡Mejor Artista del Año por dos años consecutivos!), los MMA (Mejor Canción del Año y Mejor Artista Internacional), ganaron su primer *daesang* en los Golden Disc Awards por *Love Yourself: Her*, su primer *daesang* en los Seoul Music Awards como Mejor Artista del Año y, quizá el más sorprendente de todos, se convirtieron en el primer grupo de *idols* en ganar el premio al Mejor Artista del Año en los Korean Music Awards, un prestigioso honor otorgado por la crítica y los profesionales de la música.

205

BTS se convirtió en el primer grupo de *idols* en ganar el premio al Mejor Artista del Año en los Korean Music Awards.

El comienzo de la primavera fue una época extraña, y los fans esperaban impacientes alguna noticia. ¿No tendría que haber salido ya la siguiente entrega de *Love Yourself*? ¿Eran ciertos los rumores de una gira mundial? ¿Volvería BTS a Estados Unidos para los Billboard Music Awards? No hubo respuesta a estas preguntas, pero el 1 de marzo hubo al menos algo por lo que emocionarse: la *mixtape* de J-Hope, *Hope World*. Se llevaba hablando de esto tanto tiempo que los ARMY casi habían asumido que jamás llegaría a suceder, pero la espera mereció la pena. Se trataba de una magnífica colección de pistas alegres y positivas dignas del rayo de sol que eran los BTS. Tan solo unas horas después de su lanzamiento, *Hope World* lideró las listas de los álbumes más vendidos en iTunes en más de sesenta países, y el videoclip de J-Hope para la canción principal, «Daydream», alcanzó los doce millones de reproducciones en YouTube en las primeras veinticuatro horas.

YouTube llevaba tiempo siendo una parte fundamental de la historia del éxito de BTS, de modo que era justo que la nueva serie documental *Burn the Stage* se mostrase exclusivamente en el sitio (los primeros dos episodios son gratuitos, y el resto están en YouTube Red y son de pago). La serie, que muestra escenas entre bastidores de la gira de *Wings* en 2017, es de visión obligatoria. Como un grupo que siempre se ha mostrado abierto y sincero, no se guardan nada, y permiten que las cámaras capten sus dudas, sus temores y sus discusiones, así como los momentos de alegría y diversión y el amor y el respeto que se profesan entre sí.

No falta el drama, con momentos como cuando Jungkook se desmaya a causa de un golpe de calor o como la discusión acalorada y emotiva entre V y Jin sobre su posición en el escenario, así como momentos divertidos como el de Jungkook colando una bola de chocolate en los tallarines de Jin y Jin pensando que era una seta. Pero lo más increíble es que todo lo que sabemos sobre BTS es cierto: trabajan hasta la extenuación, se preocupan los unos por los otros y se implican en todos y cada uno de los aspectos de su actuación, desde la música hasta la producción en el escenario. Y si crees que sus palabras no son sentidas, estos vídeos demuestran lo mucho que aprecian el cariño de los ARMY y lo en serio que se toman el corresponder a su lealtad.

La serie se emitió en un momento de plena actividad de BTS. A principios de abril, la empresa de electrónica LG anunció una nueva asociación con el grupo. Nada interesante. Sin embargo, la foto que acompañaba la noticia hizo que los ARMY tuvieran que mirar dos veces. Sí, había siete chicos con el pelo oscuro, ¡y era la primera vez! No es de extrañar que el *hashtag* #BTSBlackHairParty fuera *trending topic* en Twitter en todo el mundo. Dos días después salió a la venta el álbum japonés de doce canciones, *Face Yourself*. No era un álbum lo que

> Estos vídeos demuestran lo mucho que aprecian el cariño de los ARMY y lo en serio que se toman el corresponder a su lealtad.

los ARMY estaban esperando, pero al menos tendrían algo nuevo de BTS que disfrutar. Además de las versiones en japonés de «Blood, Sweat & Tears», «DNA» y «MIC Drop», había nuevas pistas de intro y finales o *outro*, y dos canciones inéditas: «Don't Leave Me» y «Let Go».

«Don't Leave Me» es una canción potente y emotiva con base dance que coloca por fin a Jin en el centro del escenario, quien demuestra que lo merece marcándose algunas líneas de soprano que te dejan con la boca abierta. «Let Go», una balada sentimental que sube, baja y vuelve a ascender en la que Jimin destaca cantando con un inglés bastante perfecto. El álbum, por supuesto, fue número uno en Japón, pero los fans de BTS estaban ya tan sedientos de nuevo material que alcanzó las listas de éxitos de todo el mundo.

El 5 de abril, BTS aparecieron en un vídeo en DreamStillLives.com, un proyecto para honrar al activista por los derechos civiles Martin Luther King Jr., que había muerto asesinado hacía justo cincuenta años. El organizador, la leyenda del soul estadounidense Stevie Wonder, invitó personalmente al grupo a participar, junto con otros rostros famosos como los de Barack y Michelle Obama, Mariah Carey, Meryl Streep y Elton John.

Ese mismo día se publicó un vídeo de nueve minutos titulado «Euphoria: Theme of Love Yourself Wonder». ¿Presagiaba esto la llegada del tan esperado álbum? Muchos creyeron que sí. En una dramática introducción se muestran escenas de vídeos anteriores con la pieza «Claro de Luna», del compositor clásico Debussy, de fondo. Entonces, hay un cambio súbito, y Jungkook nos deleita con su magnífica voz acompañada de un alegre pop sintetizado, y vemos un escenario alternativo en el que los chicos, vestidos de colores pero con ropa sencilla, se divierten juntos una vez más. Por último, en la sección final, los vemos a todos vestidos de blanco al borde del agua, en el muelle desde el que V salta en el vídeo *On Stage: Prologue*. De nuevo, hubo más preguntas que respuestas, pero a los ARMY no les importó. Por si te lo estás preguntando, el mensaje que aparece en el último *frame* significa: «¿Eso es todo, *hyung*?».

Los fans tuvieron dos semanas para encajar todas las piezas antes de que se anunciara el nuevo álbum. Para sorpresa del público, se llamaría *Love Yourself: Tear*, y no *Wonder*, como muchos habían dado por sentado. El tráiler de regreso, «Singularity», se colgó en YouTube el 6 de mayo, y en él aparecía V solo. La elegante pista R&B escrita por RM, con música del productor británico Charlie J. Perry, se complementó maravillosamente bien con un vídeo cautivador en el que V baila solo o con bailarines de acompañamiento que enriquecen el telón de fondo o con unas máscaras flotantes. Solo era un miembro, pero bastó para convencer a los ARMY de que algo muy importante estaba a punto de suceder.

Las fotos promocionales no hicieron sino aumentar la excitación. Una vez más, habría cuatro versiones, esta vez llamadas *Y*, *O*, *U* y *R*, aunque no se publicaron en ese orden. Siete chicos vestidos de vaquero de los pies a la cabeza presentaban la versión *R*; unas fantásticas instantáneas en blanco y negro presentaban la versión *O*; para la versión *Y*, los miembros del grupo posaban frente a un cielo azul con colores saturados; y para la versión *U* se utilizó el aspecto blanco unificado que aparecía al final del vídeo de «Euphoria». Mientras esperaban a que saliera el álbum, la gente no paraba de hablar de la canción principal, «Fake Love», que interpretarían por primera vez en los BBMA. BTS estaban nominados de nuevo al premio de Mejor Artista Social, y pocos dudaban de que fueran a llevárselo a casa.

Para los ARMY fueron siglos, pero por fin llegó el 18 de mayo. La caja del CD era justo lo opuesto a la de *Love Yourself: Her*, con solo el título en blanco sobre un fondo negro. Incluía el típico fotolibro con un montón de fotos y las postales, pero también un minilibro de veinte páginas de «notas», con más historias tipo diario de cada uno de los miembros. El CD en sí contenía once nuevas pistas, introducidas por la canción del tráiler de V, «Singularity». Los chicos ya estaban en Estados Unidos el día en que salió a la venta, pero la magia de V-Live les permitió emitir su programa de presentación ante tres millones de espectadores.

BTS promocionaron el álbum extensamente, pero ninguna entrevista gustó tanto como el vídeo de YouTube de Buzzfeed «BTS Plays with Puppies While Answering Fan Questions». No revelaron mucho información, pero, ¡eh!, los Bangtan Boys y cachorritos: ¿a quién puede no gustarle eso? Más informativa, aunque mucho menos cuqui, fue la entrevista de RM con Liam McEwan, de la revista *J-14*. En ella, habló de la temática de *Love Yourself: Tear*, y dijo: «Básicamente, el amor es complejo. Tiene algunas partes que nos hacen sentir muy mal o deprimidos. Podría haber lágrimas, podría haber tristeza. De modo que esta vez hemos querido centrarnos en algunas de las partes del amor de las que queremos huir. Por eso el nombre es *Tear*».

La segunda canción, y principal, «Fake Love», recoge esta idea, y es una combinación apasionante de ritmos épicos, rap rock, magníficas voces y grandes armonías unidas por un estribillo superpegadizo. Por su parte, en el vídeo aparecen muchos de los estilos característicos de BTS, com-

209

binando movimientos de danza contemporánea con movimientos rápidos y sincronizados; magníficos escenarios repletos de explosiones, llamas e inundaciones; huidas desesperadas; y planos prolongados. Los fans lo devoraron en cuanto salió, y #FakeLoveFRIDAY pronto se convirtió en *trending topic* en Twitter, con más de 4,8 millones de reproducciones durante la primera hora.

El álbum en sí es un triunfo de saltos de estilo. Los chicos pasan sin ningún esfuerzo de la balada acompañada a piano de «The Truth Untold», escrita y producida por Steve Aoki, el productor estadounidense de la afamada «MIC Drop», a las flautas y la guitarra con aires jazz de «134340», que toma al planeta enano Plutón como una metáfora del amor perdido, y de ahí a la rapera «Paradise», otra gran canción de BTS con mensaje en la que aseguran a su generación que tienen derecho a disfrutar del momento y dejar a un lado la carga de sus sueños y ambiciones. Las preciosas armonías de «Love Maze», con restos del estilo rapero de 2013 de BTS, completa la primera mitad del álbum.

La segunda mitad parece ser un regalo envuelto para los ARMY. «Magic Shop», la primera canción escrita por Jungkook, da fuerza a los fans y les ofrece escapar con BTS, y «Airplane Pt. 2», una secuela de la popular canción de la *mixtape* de J-Hope, es una fiesta alucinante con un aire latino fabuloso (tal vez influenciado por el éxito de «Despacito»). Las siguientes dos pistas, destinadas a ser favoritas de los fans, son «Anpanman» (el nombre de un superhéroe del cómic japonés), tres minutos de pura diversión ideales para cantar a coro y con un gran potencial para bailar, y «So What», la clase de himno dance de ritmo rápido que une a los ARMY y a BTS en los conciertos. Por último llega el tema de cierre, pero en esta ocasión no se trata de una balada dulce. Esta vez la línea de rap escupe con furia una canción de amarga ruptura como un final desafiante del álbum. No cabía duda: los Bangtan Boys lo habían logrado otra vez.

#FakeLoveFRIDAY pronto se convirtió en trending topic en Twitter, con más de 4,8 millones de reproducciones durante la primera hora.

Mientras el grupo se preparaba para los Billboard Music Awards en Las Vegas, *Love Yourself: Tear* y «Fake Love» permanecieron en lo más alto de las listas de éxitos de iTunes en más de sesenta países diferentes. Los fans los vieron recorrer la alfombra magenta desde todas partes del mundo, desde cualquier zona horaria, mediante una emisión en directo en Twitter. Parecían relajados y estaban guapísimos con sus siete trajes de Gucci diferentes, que incluían a RM con gafas de sol y camisa hawaiana, a un Jin elegante con chaleco y corbata, y a J-Hope con un *blazer* tipo escolar y una camiseta amarilla. Pasaron por la alfombra como si fuesen los dueños del lugar.

> «Fake Love» permaneció en lo más alto de las listas de éxitos de iTunes en más de sesenta países diferentes.

Encandilaron a los espectadores cuando enviaron un mensaje a sus fans de Corea y revelaron su regla de «no tuitear estando borrachos». En el detrás de los escenarios se reunieron con viejos amigos famosos y conocieron a algunos nuevos, como Taylor Swift, Lil Pump, Pharrell Williams y John Legend, y, por supuesto, ganaron el premio al Mejor Artista Social, otra vez. En el discurso de la gala de entrega, RM dedicó el premio a los ARMY y dijo: «Esta vez hemos tenido la oportunidad de pensar en lo que realmente significa "social" para nosotros. Y algunos de nuestros fans nos han dicho que nuestra música les ha cambiado la vida. Y ahora nos damos cuenta de que nuestras palabras tienen realmente mucho peso gracias a vosotros, chicos».

Unos días después, volvieron a aparecer en la pequeña pantalla con una visita a su vieja amiga Ellen DeGeneres. Delante de otro público sobreexcitado, RM le dijo a Ellen que ella era la responsable de haber enseñado a toda Corea del Sur el significado de la expresión «enrollarse» después de su presuntuosa pregunta en su reunión anterior. Cuando Ellen les preguntó de nuevo si alguno de ellos tenía novia, casi todo el público gritó: «¡Escógeme a mí!». Sin embargo, «la fan» que salió de una caja de repente en el escenario era un hombre con una peluca, una broma preparada por el equipo de producción.

BOMBA BANGTAN
«FAKE LOVE» LIVE PERFORMANCE @2018

En los BBMA, frente a un público ya ruidoso, los siete miembros interpretan «Fake Love». Su coreografía, ideada por la coreógrafa con base en Tokio Rie Hata, crea una cascada de formas, patrones, ondas y movimientos sincronizados que concluyen con un abrazo grupal perfectamente sincronizado. La multitud se volvió loca. Famosos como Tyra Banks, Rebel Wilson y los Backstreet Boys acudieron en manada para hacerse fotos con ellos, e Internet casi se colapsa.

Una vez más llegó el momento de regresar a Seúl, pero no pasarían mucho tiempo en casa, ya que tenían prevista una nueva gira mundial en otoño. La gira pasaría primero por Canadá y Estados Unidos, con catorce fechas que se vendieron al instante. Después, por primera vez, actuarían en Europa. Los ARMY de todo el continente habían estado suplicando para ver a los chicos actuar en directo, y por fin Big Hit había escuchado sus plegarias. Tras los dos conciertos en el O2 Arena, cuyas entradas se agotaron en cuestión de minutos, actuarían en Ámsterdam, Berlín y París. ¿Estaban los ARMY europeos preparados para ellos? ¡Sin duda!

El 27 de mayo de 2018 se anunciaron las listas semanales de la *Billboard 200*. *Love Yourself: Tear* fue el álbum número uno en Estados Unidos, y BTS eran el primer grupo de K-pop en lograr algo así. Habían pasado apenas casi cinco años desde su debut y ya habían logrado lo imposible: BTS había conquistado el mundo.

Glosario

*E*l K-pop tiene su propia cultura y su propio vocabulario, por lo que algunos conceptos puede que no te sean familiares. A continuación, verás un listado de palabras relacionadas con Corea y el K-pop que hemos utilizado a lo largo del libro.

4D: se dice de una persona que es excéntrica o extravagante en la cultura K-pop. Es un cumplido.

Aegyo: demostración de ternura y monería a través de expresiones faciales o lenguaje corporal.

Aprendiz: artistas jóvenes que han firmado un contrato con una agencia para formarse en danza, canto y otras artes escénicas con el fin de convertirse en un *idol*.

ARMY: el nombre oficial de los fans de BTS, que significa «Adorable Representative MC for Youth» [Adorables MC Representantes de la Juventud].

Avance: fotos, mensajes y vídeos cortos que se emiten antes de que se publiquen sencillos, álbumes o conciertos.

Bias: miembro favorito del grupo.

Bonsang: premio otorgado hasta un máximo de doce artistas diferentes en una entrega de premios.

Chiste ahjae: chiste malo, «chiste del tío».

Daeback: se dice de un gran éxito o algo increíble, o simplemente una exclamación similar a «¡genial!».

Debut: la primera actuación de un artista, normalmente en televisión. El debut oficial de un artista es una oportunidad crucial para impresionar al público.

Fandom: es la mezcla de las palabras *fan* y *domain* en inglés. Hace referencia a todo aquello que tenga que ver con la comunidad de fans, desde clubs de fan a fórums en Internet.

Festa: festival o una celebración.

Gayo: estilo de música dentro del pop.

Hallyu: hace referencia al creciente interés por la cultura coreana que sea extendido a nivel mundial en el siglo XXI; se traduce como «ola coreana».

Hwaiting!: exclamación de apoyo y ánimo parecido a lo que gritan los fanáticos del deporte: «¡Venga! ¡Vamos!»; se traduce como «¡ánimo!».

Hyung: palabra honorífica coreana para demostrar respeto a un hombre cercano, normalmente a un mayor, un amigo o un hermano. Se usar junto con el nombre de la persona, como «Namjoon-hyung», o solo.

Idol: se dice del artista K-pop.

Las Tres Grandes (agencias): las tres grandes agencias más exitosas y que dominan el espectáculo del K-pop: YG Entertainment, SM Entertainment y JYP Entertainment.

214 **Línea:** palabra que se usa para agrupar a miembros dentro de un grupo o a amigos. Se puede usar para la asignación dentro del grupo como «línea de rap» y «línea vocal».

Maknae: el miembro más joven del grupo; se les permite ser pillos y se espera que sean tiernos y monos.

Miniálbum: álbum que contiene entre cuatro y seis canciones.

MV: abreviación en inglés para videoclip.

Noona: palabra que utilizan los hombres para dirigirse a una mujer mayor que ellos.

Novatos: grupo que ha debutado pero que todavía están en su primer (o incluso segundo) año.

Pleno: cuando una canción, después de publicarse, entra en el puesto número uno en varias listas musicales.

Regreso: cuando un artista publica un nuevo sencillo, un miniálbum o un álbum y los promociona en la televisión o en las actuaciones.

Satoori: palabra coreana para «dialectos».

Selca: selfi.

Sencillo: como un EP pero con una canción que es importante más una o dos canciones más.

Stan: palabra en inglés para un fan apasionado.

Tableta: abdominales bien definidos que se parecen a las subdivisiones de una tableta de chocolate.

Underground: artistas no comerciales que no siguen las tendencias. Se puede comparar con el término inglés *indie.*

Visual: miembro del grupo que se le considera el más guapo o el miembro que está en el grupo por su apariencia.

215

Créditos fotográficos

Página 1: Han Myung-Gu / WireImage / Getty Images (arriba); il-
gan Sports / Multi-Bits vía Getty Images (abajo).

Página 2: Frazer Harrison / Getty Images (arriba a la izquierda, arriba a la derecha, abajo a la derecha); Jeff Kravitz / FilmMagic /
Getty Images (abajo a la izquierda).

Página 3: Frazer Harrison / Getty Images (arriba y abajo); Kevin
Mazur / WireImage / Getty Images (centro).

Página 4: Han Myung-Gu / WireImage / Getty Images (ambas).

Página 5: Han Myung-Gu / WireImage / Getty Images (arriba);
Paul Zimmerman / Getty Images (abajo).

Página 6: John Shearer / Getty Images (arriba); TPG / Zuma Press /
PA Images (abajo).

Página 7: RB / Bauer-Griffin / GC Images / Getty Images (arriba);
Lionel Hahn / ABACA / PA Images (abajo).

Página 8: Frank Micelotta / PictureGroup / SIPA USA / PA Images.

Página 9: Frank Micelotta / PictureGroup / SIPA USA / PA Images
(arriba a la izquierda); Jeff Kravitz / FilmMagic / Getty Images
(arriba a la derecha); REX / Shutterstock (abajo a la izqquierda);
Yonhap / Yonhap News Agency / PA Images (abajo a la derecha).

Página 10: Yonhap / Yonhap News Agency / PA Images (arriba);
Santiago Felipe / Getty Images (abajo).

Página 11: Yonhap / Yonhap News Agency / PA Images (ambas).

Páginas 12-13: Yonhap / Yonhap News Agency / PA Images.

Página 14: John Salangsang / BFA / REX / Shutterstock (arriba);
Kevin Mazure / WireImage / Getty Images (abajo).

Página 15: Ethan Miller / Getty Images (arriba); Kevin Mazur /
BBMA18 / WireImage (abajo).

Página 16: Yonhap / Yonhap News Agency / PA Images (arriba); Te-
rence Patrick / CBS vía Getty Images (abajo).

Agradecimientos

*M*e gustaría dar las gracias a Louise Dixon de Michael O'Mara Books por iniciar este proyecto; a George Maudsle y Becca Wright por sus incalculables consejos editoriales y su ayuda, así como también a Becca por reconocer el potencial de este libro y aportar muchos comentarios, y a Nick Fawcett por la corrección. También estoy increíblemente agradecido con Lisa Hughes y Nora Besley por su gran disposición a discutir sin cesar sobre BTS y a leer borradores. Por último, me gustaría reconocer el trabajo de los ARMY de todo el mundo, cuya dedicación por la documentación, traducción y redacción de todos los aspectos de BTS y del K-pop me han ayudado enormemente.

Índice onomástico

(Las páginas en negrita indican las entradas principales
de los miembros de BTS y los ARMY)